AF452339

LES
EMBLÊMES
DE
COCROCBROCFROC,
OU
TRAITE' DE L'ŒUVRE

Et des mœurs de ce siécle, sous le nom de la Princesse Zerzemire.

Avec son explication, & l'œuvre de Diascorinus.

A GENEVE,

Chez Mandestras, Libraire,

M. DCC. XXX.

A MONSIEUR

DE C✳✳✳.

MONSIEUR,

La protection singuliere dont vous avez toujours paru honorer les Arts & Belles-Lettres, m'a fait prendre la liberté de vous dédier le fruit de mes veilles & de mes travaux. Personne n'est plus à por-tée que vous, MONSIEUR, *de comprendre le sens litteral des paroles obscures. Ainsi vous serez la seule clef de mon Ouvrage. S'il a le bonheur de vous plaire, je*

ã 2

serai suffisamment récompensé de mes peines. Mon mérite ne consiste qu'à avoir traduit en François ce qui étoit dans le Gaulois le plus inintelligible. C'est une Langue à laquelle je me suis attaché, parce qu'on y trouve de singulieres beautés. Le présent Livre trouvé dans une Bibliotheque où il pourrissoit depuis plus de trois cens ans, m'a paru digne d'être transmis aux siécles futurs. Quel protecteur plus éclairé & plus distingué pourrois-je trouver que vous, MONSIEUR, dont j'espere que les bontés correspondront à mon empressement. Trop heureux si vous jettez un regard favorable sur un Ouvrage qui doit réussir par vous seul, & dont j'espere que vous voudrez bien prendre ſoin. Permettez, MONSIEUR, que je vous aſſure du très-profond reſpect avec lequel je ſerai toute ma vie,

MONSIEUR,

Votte très-humble &
très-obéiſſant ſerviteur
Le Chev. des * * *

AVERTISSEMENT.

MOn occupation a toujours été l'étude des differentes Langues, tant anciennes que modernes ; mais celle qui m'a paru être la plus parfaite & la plus étenduë, est le Gaulois. Par elle j'ai découvert mille secrets & mille anecdotes, que toute la terre ignore. J'étois donc occupé à traduire plusieurs Livres de cette espece, tels que sont les Dissertations du Pape Jean XXII. sur les Catharactes de Pithagore & la mort chymique d'Annibal par Scaliger, &c. Lorsque feüilletant un jour la Bibliotheque du célébre M. Hanss à Londres, j'y trouvai un Manuscrit mangé des vers & à demi pourri. Les phrases m'y parurent si bien tournées que je l'emportai chez moi dans le dessein d'en faire simplement la lecture. Mais l'ayant lû & y ayant trouvé des grandeurs incroyables, je n'ai pas cru devoir priver ma pos-

terité de cet œuvre miraculeux. Trop
heureux fi je peux par là mériter l'approbation du Public. Il ne doit pas
attendre d'un Ouvrage traduit du
Gaulois avec des peines incroyables,
l'élégance & la régularité du ftyle
qu'on trouve dans les Ouvrages
modernes ; mais il doit regarder la
chofe en elle-même, y chercher &
y trouver les doctes & fublimes
préceptes de la fcience univerfelle
appellée en Latin *femper erit.*

LA PRINCESSE ZERZEMIRE,

HISTOIRE ALLEGORIQUE ET FORT SÇAVANTE,

Trouvée dans les Manuscrits du sage Coc-rocbrocfroc, où il est traité de l'œuvre & des mœurs de ce siécle.

DANS le Royaume de Cachemire régnoient un Roi & une Reine, qui n'avoient jamais eu d'enfans. Cependant au bout de trente ans de mariage on s'apperçut que la Reine étoit enceinte : les réjouissances durérent trois jours dans tout le Royaume. Le dernier jour, le Roi donnant un bal chez lui, il se présenta à la porte un homme (1) de très-mauvaise mine, & qui n'avoit qu'un œil : cet homme demanda à parler à la Reine. Les Gardes ne voulurent d'abord pas le laisser entrer ; mais sur ses sollicitations pressantes, on vint avertir

A

le Roi de l'étrange efpece d'homme qui étoit à la porte : le Roi s'y rendit auffitôt, & demanda à cet homme ce qu'il vouloit ; il dit d'un air fevere qu'il vouloit parler à la Reine : le Roi ne jugea pas à propos de préfenter à la Reine, qui étoit groffe, un vifage capable de faire faire une fauffe couche, tant il étoit hideux. Il lui demanda (2) donc ce qu'il vouloit dire à la Reine, & qu'on le lui feroit fçavoir. Le Borgne répondit qu'il vouloit abfolument lui parler, & que fi on le lui refufoit, on s'en repentiroit. Comme le Roi ne le voulut point, il s'en alla en jurant entre fes dents, & faifant des menaces avec la main. Le Roi commanda qu'on le mît en prifon ; mais il s'échapa ; laiffant tout le monde étonné de fon étrange figure.

Le Roi ne parla point de cette avanture à la Reine, de crainte qu'elle ne lui fît de la peine. Enfin le terme de fes couches arriva, toute la Cour fe raffembla dans la chambre voifine, dans l'attente de ce grand évenement. Après beaucoup de douleurs elle accoucha d'une Princeffe, d'une beauté achevée autant qu'on peut l'être à cet âge ; mais il lui manquoit un œil, une peau d'une blancheur extrême couvroit la place que devoit occuper l'œil, & n'en laiffoit aucun veftige. La joye du

Roi & de la Reine se changea en tristesse, à ce spectacle ; toute la Cour se retira extrêmement affligée , & le Roi se ressouvenant de l'avanture de l'homme borgue, ne douta point que ce ne fût un effet de ses menaces. Il se desesperoit de n'avoir point laissé entrer cet abominable Magicien , car en effet qu'auroit - il pû faire de pis , que de causer une pareille difformité à la Princesse.

Cependant Zerzemire, (c'est ainsi qu'on la nomma, ce mot signifiant en langage Cachemirien, Soleil éclipsé) croissoit & avoit acquis l'âge de quinze ans. Sa taille enchantoit , & quand elle mettoit la main sur la place de son œil , elle étoit d'une beauté ravissante ; le Roi lui avoit fait faire une coeffure qui tombant négligemment sur la moitié du visage , la couvroit de sorte qu'on ne s'appercevoit pas de ce défaut , & sous cette coëffure elle enchantoit tous ceux qui la regardoient.

Le Roi n'oublioit rien pour s'informer s'il y avoit un moyen de rémedier à un accident qui n'étoit que l'effet d'un enchantement. Au bout de quelque tems il apprit qu'à cinquante lieuës de Cachemire il y avoit une Magicienne qui pouvoit lui apprendre ce qu'il désiroit. Il fit aussitôt préparer de beaux présens pour la Magicienne, & lui députa une douzaine de

Courtisans les plus éloquens pour la consulter. Ils partirent, & s'étant rendus à l'endroit marqué, ils y apperçurent une maison d'assez mauvaise apparence, & qui paroissoit une mazure. Une tristesse mortelle régnoit aux environs, & cette maison avoit un appareil lugubre. Ils frapperent à une porte (3) basse, on leur ouvrit, & ils virent une vieille qui, avec une paire de lunettes, lisoit dans un grand livre. A sa droite étoit une armoire à demi ouverte, qui paroissoit remplie d'une infinité de drogues, de vieux bouquins & d'autres attirails qui, joints à un fourneau qui étoit au milieu de la chambre, leur firent juger que c'étoit là la Magicienne. La figure qui leur ouvrit la porte, ne les étonna pas moins ; c'étoit une espece de squelette enfumé au travers duquel on appercevoit pourtant une figure humaine. Cette figure dans une langue qu'on n'entendoit point annonça à la Magicienne leur arrivée. Aussi-tôt elle se leva, & leur demanda ce qu'ils vouloient. Ils lui donnerent les présens, qu'elle reçut d'un air assez indifferent. Ensuite ils lui exposerent le sujet de leur voyage : Elle leur dit de l'attendre, & elle passa dans un cabinet d'où elle sortit peu après avec un livre de vélin, une baguette & un réchaux (4) où fumoit une drogue dont l'odeur se répanditpar toute la chambre. Elle lut dans son livre, & donna quelques coups de sa baguette sur la porte de son cabinet. Il en sortit aussi-tôt un Enfant (5) tout noir, qui d'une voix claire, mais distincte, prononça ces paroles :

» Reine des Gnomes, la Princesse Zer-
» zemire ne peut recouvrer son œil qu'il
» ne se trouve dans son Royaume quel-
» qu'un d'assez hardi pour entreprendre
» la conquête de la Fiole d'eau de (6)
» diamant qui est au pouvoir de la Fée
» impitoyable, dont le Palais est situé dans
» la Forêt lumineuse. Cette conquête ne
» peut se faire qu'en ôtant du doigt de la
» Fée une bague (7) qu'elle y porte, &
» qui a seule le pouvoir d'ouvrir la casset-
» te où est renfermée cette eau admirable.
» Il est bon d'avertir celui qui entrepren-
» dra l'avanture, que si la Fée l'apperçoit
» avant qu'il ait la bague, elle ne justi-
» fiera que trop bien son nom ; s'il vient
» à bout de cette dangereuse entreprise,
» il n'aura qu'à frotter le visage de la
» Princesse de cette eau, & dans le même
» instant elle aura un œil semblable à l'au-
» tre. La figure disparut aussi-tôt, & les
« Ambassadeurs écrivirent tout ce qu'elle
» avoit dit, & après avoir pris congé de
» la Magicienne, & l'avoir remerciée,
» ils s'en retournerent.

Le Roi de Cachemire ayant appris cette réponſe, douta qu'il ſe trouvât un homme aſſez hardi pour entreprendre une avanture auſſi périlleuſe. Cependant il fit peindre la Princeſſe telle qu'elle étoit, & ſur ce portrait parfaitement reſſemblant, on mit un bel œil ſemblable à l'autre, & & on en fit pluſieurs copies. Ce portrait qui éblouiſſoit, fut envoyé dans toutes les Cours des environs, avec promeſſe que la Princeſſe (8) ſeroit accordée à celui qui apporteroit l'Eau de diamant.

Un jeune Prince appellé (9) Thyram, petit-fils du Grand Mogol, ayant vû le portrait, déſira ſi fort de poſſeder cette belle perſonne, qu'il réſolut de partir ſeul avec ſon Ecuyer pour entreprendre l'avanture. Il tint ſon départ ſecret, de crainte qu'on ne l'arrêtât dans ſon projet, & il s'en alla une nuit bien armé & monté ſur un bon cheval, auſſi bien que ſon Ecuyer, & ſe rendit à la Cour du Roi de Cachemire. Le Roi ayant ſçu le ſujet de ſon arrivée, le combla de loüanges & de careſſes, il lui fit voir Zerzemire avec ſa coëffure (10) qui cachoit ſa difformité, & elle lui parut ſi charmante, qu'il réſolut de périr plutôt que de ne pas achever l'avanture. Le Roi lui donna tous les éclairciſſemens qu'il put ; mais il ne put lui apprendre préciſément où

étoit la Forêt (11) lumineuſe, il lui dit
ſeulement que reliſant les archives de ſon
Royaume, il avoit lû un article où il en
étoit parlé, & qu'on la croyoit ſituée
dans les deſerts de la grande Tartarie au
pied du mont Caucaſe.

L'ardeur du Prince l'emportant, il prit
congé du Roi, & prit la route du mont
Caucaſe. Il ſe rendit en peu de jours au
pied de cette énorme montagne, tout ſeul
& monté ſur ſon bon cheval. Il ſe nourrit
des fruits qu'elle produit, & ayant laiſſé
paître ſon cheval dans la prairie, bien ſûr
que dans ces païs déſerts perſonne ne l'em-
meneroit, il monta avec autant d'ardeur
que de peine, & étant parvenu au haut,
il promena ſes regards de tous côtés ; mais
il n'apperçut point la Forêt Lumineuſe.
Un vaſte déſert à perte de vuë bornoit en-
tierement ſes regards ; il vit ſeulement
quatre ou cinq (12) arbres, qui étoient la
ſeule verdure qui parût dans tout le païs.
Il tourna ſes pas de ce côté, & ſe mit à
l'ombre de ces arbres, incertain du ſuccès
de ſon entrepriſe. La nuit approchant, il
ſe mit en marche, eſperant qu'à la faveur
de l'obſcurité, il verroit mieux la lueur
de la Forêt. Après avoir beaucoup marché, il entrevit extrêmement loin un feu,
vers lequel il tourna ſes pas, ne doutant
point que ce ne fût la Forêt lumineuſe.

Plus il approchoit, plus ce feu lui paroiſſoit étendu & brillant. Enfin il diſtingua que cette lumiere venoit des arbres d'une grande forêt , dont toutes les feüilles étoient étincelantes comme du feu. Il voulut attendre le jour pour entrer dans cette redoutable Forêt, & ſe retira dans un antre qu'il vit auprès, réſolu d'y paſſer la nuit.

Quel fut ſon étonnement ! lorſqu'il vit le fonds de l'antre éclairé , & qu'en s'en approchant il apperçut un cabinet magnifique où étoit un lit dont les rideaux étoient fermés, il s'approcha du lit & leva doucement le rideau : il vit un jeune homme (13) beau comme l'Amour , dont il n'y avoit que la tête qui parût. Il ſembloit endormi , & cependant il ſoupiroit de tems en tems. Comme il le conſideroit , le jeune homme ouvrit les yeux , & le regardant triſtement : Généreux Etranger, dit - il , ſi vous êtes ſenſible à la pitié, coupez-moi promptement un bras, & brûlez-le à l'entrée de cette caverne. En même tems il ſortit un bras qui fit reculer Thyram d'horreur ; il étoit comme la patte d'un ours , & tout entouré de ſerpens , dont les ſifflemens lui firent dreſſer les cheveux à la tête. Thyram le pria, auparavant de toucher à cet horrible bras , de lui dire le ſujet de cet étrange (14) enchantement. Le jeune homme lui répondit ainſi : Le tems nous eſt cher , mais cependant je veux bien vous inſtruire en peu de mots de ma malheureuſe deſtinée ; je m'appelle Zineby , fils du Roi de la Cochinchine. Il y a dans un Royaume ici près une Princeſſe appellée Zerzemire , qui, par la colere d'un Magicien eſt venuë au monde avec un ſeul œil, elle ſeroit ſi belle ſi elle avoit tous les deux, que le Roi ſon pere a envoyé par tout pour ſçavoir s'il ne pourroit pas ſe trouver quelqu'un qui pût entreprendre la conquête de l'Eau de diamant qui eſt dans un Palais ſitué dans la Forêt Lumineuſe , que vous avez vû avant d'entrer ici , c'eſt le ſeul remede qui puiſſe lui rendre ſon œil. J'ai été ſi tranſporté à la vûë de ſon portrait, que j'ai d'abord entrepris l'avanture. Après mille périls & dangers je ſuis enfin parvenu au Palais de la Fée impitoyable ; après avoir pénétré dans ce Palais la Fée m'a apperçu , & d'un œil plein de colere , elle m'a dit ces paroles : Que ton corps ſe change en celui d'un ours dévoré de ſerpens juſqu'à ce qu'il ſe trouve un mortel aſſez hardi pour te couper ce bras & le brûler. Elle me tranſporta auſſi - tôt ici ſans me donner le tems de dire un ſeul mot. Je deſeſperois que perſonne pénétrât jamais dans ces (15) deſerts , lorſque je vous ai vû , j'eſpere que vous me tirerez de l'état où je ſuis réduit.

En achevant ces paroles il leva fa cou-
verture & fit voir à Thyram un corps fem-
blable au bras, c'eft-à-dire, velu comme
un ours & tout entouré de ferpens. Ce
beau vifage fur cet infame corps faifoit
un effet fi horrible, que Thyram fe laiffa
toucher de compaffion pour lui, & qu'il
fe réfolut de lui couper le bras malgré les
ferpens. Pour cet effet il s'arma d'un gant
qu'il avoit dans fa poche, & prenant d'une
main cet abominable bras, de l'autre il tira fon (17) cimeterre, le coupa d'un feul
coup, & le porta hors de la caverne, où
ayant allumé un grand feu, il le brûla en-
tierement. Il s'éleva auffi-tôt une épaiffe
fumée, & les fifflemens des ferpens, firent retentir toute la Forêt. Après cet ex-
ploit Thyram retourna dans le fond de la
caverne où il retrouva le Prince qui avoit
changé de figure,& qui reprenoit fes habits.
Il fe jetta aux genoux de Thyram. Levez-
vous Prince, lui dit Thyram, je n'exige
qu'une chofe de vous, qui me fera un ga-
ge de votre reconnoiffance, je m'appelle
Thyram, petit-fils du Grand Mogol, &
j'entreprens la même avanture que vous ;
c'eft pourquoi je vous prie de m'accom-
pagner dans la Forêt lumineufe, & de me
montrer le chemin du Palais de la Fée impitoyable.

Zineby (18) pâlit à ce difcours : Qu'allez-vous faire, mon cher Liberateur, dit-il, il faut être aussi forcené que je l'étois pour entreprendre d'ôter du doigt de la Fée son anneau. Voyez dans quel état j'étois réduit ; voulez-vous courir les mêmes risques ? Ce n'est pas que je craigne de retourner dans cet abominable lieu : Plût-à-Dieu que je trouvasse une occasion d'exposer pour vous une vie qui vous appartient ; puisque sans vous j'allois mourir de desespoir ; mais je vous en conjure, n'allez point à une mort certaine. Thyram interrompit Zineby, & lui fit voir qu'il étoit résolu de courir toutes sortes de risques ; ainsi ils sortirent de la (19) caverne, qui disparut aussi-tôt avec bruit, sans qu'il en restât aucun vestige.

Il étoit déja jour, & les arbres ne donnoient plus qu'une foible lumiere lorsque nos deux Princes entrerent dans la Forêt, ils n'eurent pas fait cent pas qu'un chemin à perte de vûë se presenta à eux, au bout duquel ils apperçurent le Palais de la Fée ; ils ne marcherent point dans l'allée, de crainte que la Fée ne les découvrît, mais ils la côtoyerent. Ils arriverent dont à portée du Palais, d'où ils virent de derriere les arbres la Fée à une fenêtre qui étoit de lapis avec des ornemens de cristal.

La Fée ne craignant pas qu'aucun mortel eût la hardieffe de pénétrer dans cet endroit, laiffoit la porte de fon Palais ouverte. Nos deux Héros s'y glifferent, & attendirent la nuit à l'entrée de la porte; dès qu'elle fut arrivée, ils monterent par un magnifique efcalier (20) de porcelaine, & arriverent dans un appartement où il n'y avoit perfonne, & dans lequel ils confererent fur ce qu'ils devoient faire. Lorfque Zineby étoit venu dans ce Palais, il avoit remarqué que la Fée pour travailler à fon art, tiroit fon anneau afin de s'en fervir, étant la principale force de fes enchantemens. Ils convinrent donc de fe cacher tous deux derriere un canapé pour y attendre l'occafion d'exécuter leur deffein.

La Fée fortit un moment après. Il fallut avoir autant de courage que Thyram pour n'être pas effrayé du regard menaçant de l'Impitoyable, elle faifoit trembler tous ceux qui la regardoient. Elle paffa dans une autre chambre, & Thyram profita de ce moment pour entrer dans fon cabinet; il s'y cacha derriere un grand coffre où étoient fes livres de Féerie. La Fée rentra dans l'inftant fuivie d'un Génie qu'elle inftruifoit pour l'envoyer dans un endroit de la terre dont Thyram n'entendit pas le nom. Après que le Génie fut parti, elle pofa fa bague fur une table, & lut dans

un (21) livre quelque tems. A peine eut-
elle commencé, qu'elle se leva brusque-
ment, & s'écria : Je suis trahie, il y a ici
des hommes. Zineby qui écoutoit derriere
la porte, fit un peu de bruit, & la Fée
fut si troublée, qu'elle courut à cette
porte pour punir le téméraire, & laissa son
anneau sur la table. En même tems Thyram sautant du côté de la table, s'empa-
ra de la bague, & charmé de cette conquête, il s'avança vers la Fée, qui le
voyant avec son anneau, fit un cri & disparut.

Il trouva Zineby qui trembloit que la
Fée ne fût plus prompte que lui. Après
s'être témoigné leur joye par leurs embras-
semens : Ne perdons point de tems, dit
Thyram, & courons chercher la précieuse
cassette qui renferme l'Eau de diamant. Ils
traverserent plusieurs appartemens tous ornés de perles, de diamants, & de meu-
bles superbes. Enfin ils arriverent dans un
sallon tout de glace, où sur un lit de re-
pos verd & argent avec une broderie de
perles, étoit une Nymphe vêtuë le plus
galamment du monde, qui d'abord qu'elle
les apperçut, tourna sur eux des yeux (22)
languissans, dont les regards les toucherent de compassion. Ils lui demanderent
le sujet de son affliction, & par quel hazard une si belle personne se trouvoit dans
ces lieux deserts.

Difpenfez - moi , dit la Nimphe, en laiffant couler des (23) larmes de fes beaux yeux , de vous faire le récit de mes malheurs , je tâche d'en éloigner le fouvenir , pour ne pas mourir de douleur. En même tems elle fe tourna, & fe mit à pleurer de fi bon cœur , que Thyram qui avoit le cœur tendre tira fon mouchoir pour effuyer fes yeux , qui commençoient à fe mouiller , pour Zineby il faifoit tous fes efforts pour cacher fes larmes , & mettant les deux mains devant fon vifage , il fanglottoit de façon que ce fpectacle auroit touché une roche. Après qu'ils fe furent un peu remis : Belle affligée, dit Thyram, fans nous parler de cet article lugubre , ne pourriez-vous pas nous dire où eft la caffette où la Fée renferme fon-Eau de Diamant. Alors elle leur montra une caffette qui étoit dans un coin de la chambre. En voila une , ditelle, j'ignore ce qu'elle renferme. L'affreufe Fée qui me tient ici (24) captive & qui caufe ma douleur , l'ouvre quelquefois ; mais c'eft avec un anneau qu'elle a au doigt. Sans cela vous n'en viendrez jamais à bout. Si ce n'eft que cela qui vous manque, dit Thyram , voici l'Anneau. Ha, (25) Ciel! s'écria la Nimphe, comment avez-vous pû avoir cet Anneau? Qu'eft devenuë Impitoyable? Zineby lui conta alors la façon dont ils s'y étoient pris. A peine eut-il achevé ce récit, que la Nimphe se jetta à leurs pieds. Ah ! Princes, dit-elle, quelle Divinité bienfaisante vous a conduit ici ? Non, je ne sçaurois vous exprimer quelle obligation je vous ai de m'avoir délivrée de la cruelle Impitoyable : En disant ces mots elle s'évanouit de joye. Nos deux Princes la secoururent de leur mieux, & quand elle eut repris ses esprits, Thyram lui addressa ces paroles : Belle Nimphe nous sommes charmés que le hazard nous ait conduits ici pour contribuer à votre délivrance. Nous sommes encore prêts à nous exposer pour vous ; mais ne perdons point de tems. Je vais vous emmener de ce lieu fatal, apprenez-moi auparavant comment il faut s'y prendre pour ouvrir cette cassette. Donnez-moi l'Anneau, dit-elle, je vais vous (26) l'enseigner. Thyram lui donna l'Anneau. Mais à peine l'eût-elle, qu'elle changea de figure, & à la place de cette belle Nimphe on vit l'horrible Impitoyable. Ha! dit-elle, c'est donc ainsi que l'on se moque (27) de moi ? Par la vertu de cet Anneau, je vous condamne, dit-elle en s'addressant à Thyram, de devenir Serin, & toi malheureux, dit-elle à Zineby, voilà la seconde fois que je te rattrappe ici ; c'est pourquoi tu deviendras un horrible Lézard, & vous ne changerez ni l'un ni l'autre de figure, que vous n'ayez trouvé une femme auſſi belle que j'étois tout à l'heure , qui prenne d'amitié le Lézard , & qui le mette dans ſon ſein. Dans le même inſtant Thiram ſentit que ſon corps ſe couvroit de plumes & diminuoit à vûë d'œil , enfin il devint un joli petit ſerin , & Zinéby ſortit de la chambre ſous la forme d'un Lézard , tandis que le Serin s'envola par la fenêtre. Ils ſe retrouverent à la ſortie du Palais , & voyant qu'ils avoient mérité une pareille punition par leur faute , les petits yeux du Serin & ceux du Lézard , laiſſerent couler des pleurs, non-ſeulement ils voyoient leur entrepriſe manquée , ſans eſperance d'y pouvoir jamais réuſſir , mais ils conſidéroient l'état affreux où ils étoient réduits , & l'impoſſibilité de recouvrer leur premiere forme. C'eſt ainſi qu'ils paſſerent le premier jour , ſe regardant triſtement , ſans ſonger à prendre aucune nourriture. La nuit vint , le Serin ſe plaça ſur une branche d'arbre & le Lézard au pied. Le matin étant venu , ils voulurent pourtant aller chercher de la nourriture & ſe mirent en chemin. Au ſortir d'un détour ils apperçurent la Fée qui aſſiſe au pied d'un arbre liſoit , & un chariot attelé de deux (28) Monſtres l'attendoit pour la promenade qu'elle devoit faire ce jour-là. Alors le Serin voulant faire entendre au Lézard le projet qu'il avoit,

l'écrivit

l'écrivit avec son bec sur le sable. Le Lézard l'entendit, il se glissa derriere la Fée, & ayant remarqué le doigt où étoit la bague, il le mordit si vigoureusement, qu'il parût d'abord tout en sang. La Fée fit un cri, & craignant de gâter son anneau, elle le tira de son doigt, & le posa à côté d'elle. En même tems foüilla dans sa poche pour y prendre une poudre qu'elle avoit composée, & qui guérissoit surle champ les blessures. Lepetit Serin qui examinoit tout du haut d'un arbre où il étoit, fondit sur l'anneau & l'enleva. Ensuite ne pouvant pas parler, il dit en lui-même : Par la vertu de cet anneau, je te condamne à rester-là dans la même situation, jusqu'à ce que nous soyons hors de ta puissance. La Fée resta immobile, la main dans sa poche & le doigt sanglant. Le Lézard s'étoit caché promptement après avoir fait son coup, de crainte que la Fée ne l'apperçût.

Le Serin le rappella en sifflant un joli petit air. Aussi-tôt ils se rejoignirent. Le Lézard lui marqua sa joye par le mouvement de sa queüe. Ils prirent ensemble le chemin du Palais où ils ne trouverent personne. Le Serin courut vîte en volant à la précieuse cassette, & en la touchant avec la bague qu'il tenoit dans son bec, elle s'ouvrit, & la fiole se presenta d'abord à sa vûë. Elle étoit de cristal tout enrichi d'or & de dia-

mans. Une petite chaîne (29) de rubis é-
toit attachée au bouchon. Le Lézard se la
passa au col , & il la traîna tout doucement,
de crainte de la casser. Le Serin examinant
le fond de la cassette y trouva un petit paquet de papier, sur lequel étoit écrit : Poudre pour rejoindre les membres coupés. Le
Le Serin s'en chargea comme de quelque
chose qui pouvoit être utile , il le prit dans
son bec , & après avoir passé l'anneau à son
cou , ils s'éloignerent du Palais.

Ils repasserent par la Forêt lumineuse ,
où ils retrouverent la Fée dans le même état
où ils l'avoient laissée. Ils la maudirent cent
fois , & sortirent de la Forêt. Lorsqu'ils eurent marché toute la journée , ils se repose-
rent auprès d'une haye qui entouroit une
petite maison fort propre. Le Serin soupa
bien d'une douzaine de grains de millet ,
qu'il trouva dans ce jardin , & le Lézard
attrapa cinq mouches. Après ce frugal trépas ils (30) s'endormirent de façon qu'il
y en avoit toujours un qui veilloit sur leur
précieux trésor. Le Lézard extermina une
souris qui voulut badiner avec la fiole : le
Serin étant de quart , coupa la jambe à un
grillon qui faisoit rouler la bouteille , sans
prendre garde qu'elle étoit de cristal.

Dès qu'il fut grand jour , ils voulurent
se mettre en chemin , car ils ne sçavoient
où ils étoient , & ils marchoient fort dou-

cement, de crainte de caſſer la fiole. Thyram fut d'avis d'entrer dans cette maiſon,
pour ſçavoir queis étoient les mortels qui
habitoient dans un lieu ſi reculé. ils traver-
ſerent un fort joli petit jardin , & regarde-
rent à une porte à demi ouverte. Ils virent
une jeune femme d'une beauté (31) éblouiſ-
ſante, qui liſoit dans un livre, & qui avoit
une main étendue ſur le dos d'une chaiſe :
toute la chambre étoit remplie d'inſtrumens
de jardinage , & une vieille qui étoit dans
le coin paroiſſoit accommoder un arroſoir.
Un chat qui étoit perché ſur une planche ,
voyant le Serin , voulut ſauter ſur lui, mais
il le fit ſi maladroitement , qu'il fit tomber
une ſerpe ſur la main de la belle perſonne
qui liſoit, qui lui coupa trois doigts. Elle
fut dans l'inſtant couverte de ſang , & fit
des cris effroyables.

Le Serin ayant vû le chat s'étoit envolé,
& avoit laiſſé tomber de peur le paquet
qu'il portoit toujours dans ſon bec, & qui
étoit celui qu'il avoit trouvé dans la caſſet-
te de la Fée. Le Lézard s'en apperçut , &
l'ayant pris dans ſa petite gueule , il le pré-
ſenta à la vieille qui étoit venue au ſecours
de la jeune fille. Elle regarda (32) l'étiquette , & croyant que c'étoit quelque preſent
du Ciel , elle voulut l'eſſayer. Elle ramaſſa
donc les doigts qui étoient à terre , & les
ayant approché de la main , elle jetta deſſus

le paquet de poudre , & les doigts auſſi-tôt
ſe rejoignirent ſi parfaitement , qu’il n’y
parut aucune marque qu’ils en euſſent jamais été ſéparés. La Vieille fit deux pas en
arriere , & regardant le Lézard : Charitable (33) Animal , dit-elle , ſerois-tu une
Fée ou quelque Magicien. Le Lézard ne répondit qu’en remuant la tête & verſant
quelques larmes ; cependant la Fille avoit
recouvré ſes eſprits après un long éva-
noüiſſement , & regardant ſa main : O
Ciel ! dit- elle , comment mes doigts ſe
retrouvent-ils rejoints à ma main ? C’eſt
à ce Lézard , dit la Vieille , que vous en
avez l’obligation. Il m’a apporté dans ſa
gueule le paquet de poudre qui a cauſé votre guériſon. Je l’ai interrogé ſur cela ;
mais il n’a rien répondu. Ainſi, charmante
Melime , je m’imagine que c’eſt quelque
choſe de ſurnaturel. Melime tourna alors
ſes yeux vers le Lézard , qui tâchoit de
lui exprimer par des regards tendres la
joye qu’il avoit de la voir guérie ſi heu-
reuſement ; tandis qu’ils étoient l’un &
l’autre en contemplation , le Serin arriva ,
& ayant regardé par toute la chambre
pour voir s’il n’y avoit point de Chat , il
s’alla placer ſur la tête de ſon Camarade
Lézard , & il y ſiffla un joli air, que la jeune Melime voulut ſe baiſſer (34) pour le
prendre ; mais il s’attacha ſi fortement

avec ſes griffes ſur le Lézard , que la belle
ne put prendre l'un ſans l'autre. Elle porta
donc le Lézard ſur ſes genoüils , pour
avoir le plaiſir de careſſer le petit Serin ,
qui chantoit de toutes ſes forces. Melime
voyant cette amitié du Serin pour le Lézard , les yeux de ce dernier qui étoient
toujours fixés ſur elle , & le plaiſir avec
lequel il léchoit ſa main , elle ne ſçut que
penſer. Mon Dieu ! diſoit-elle , que voilà deux (35) ſinguliers Animaux ! Mais je
voudrois ſçavoir par quel hazard ce Lézard a apporté cette poudre merveilleuſe,
qui a guéri mes doigts ſi promptement.
Ne ſeroit-ce point quelque tour de la Fée
qui m'a enlevée. Cependant nos deux
Princes à l'envi, tâchoient de divertir Melime ; le Serin chantoit les airs les plus dif-
ficiles à déchiffrer , & le Lézard faiſoit de
ſi jolies ſingeries en badinant avec le Serin , que Melime ne pouvoit s'empêcher
de rire, ſans ſonger à ſon affreuſe figure.
Pluſieurs jours ſe paſſerent de la ſorte ,
& l'amitié de ces deux Animaux étoit telle
que la jeune Melime étoit inquiéte lorſque le Lézard étoit abſent , parce qu'alors
le Serin étoit tout triſte. Peu à peu elle s'y
accoutuma ſi bien , qu'elle ne pouvoit ſortir de ſa maiſon ſans qu'ils la ſuiviſſent
tous deux. Le Serin avoit toujours ſon
anneau au cou, & le Lézard avoit caché ſi

bien fa bouteille, qu'il étoit impoffible de la trouver. Un jour qu'ils étoient à s'amufer tous deux fur fes genoux, & que le Lézard lui léchoit la main. En verité, dit-elle à la Vieille, voilà deux petites Bêtes charmantes, en difant cela elle les prit & les baifa, la figure du Lézard ne lui faifant (36) plus d'horreur. Le Lézard charmé de cette faveur couroit comme un fou faifant des fauts, & donnoit des marques de la joye la plus vive. Dans le même moment le vilain Chat qui avoit tant effrayé Thyram fauta deffus Melime. Elle eut peur pour ces deux petits Animaux, elle les prit & les tint dans fa main; mais le Chat continuant à vouloir fauter deffus: Ah maudit Chat, dit-elle, tu ne les attraperas pas dans l'endroit où je vais les mettre; mais je t'affure que tu ne rentreras jamais ici. En difant ces paroles elle les mit dans fon fein, & les tint cachés; mais quel fut fon étonnement lorfqu'elle fentit qu'ils groffiffoient confiderablement, & qu'en levant fa main il en fortit deux jeunes gens, qui fe jetterent à fes genoux.

La furprife de Melime fut auffi grande que la joye des Princes. L'étonnement qu'elle eut, fit qu'elle refta quelque tems fans parler. Thyram lui adreffa le premier ces paroles. Vous voyez à vos genoux, charmante Melime, deux Princes que vos faveurs viennent de délivrer de la triste situation où les avoit réduits la Fée impitoyable. Il lui raconta ensuite leur malheureuse avanture, & lui fit le détail des étranges évenemens dont elle étoit composée. La vieille n'eut pas plutôt entendu l'état où étoit la Fée, qu'elle s'écria : Graces au Ciel & à ces généreux Avanturiers, nous ne reverrons plus notre cruelle Maîtresse. Quelle joye n'aura point l'Empereur du Mogol de revoir sa chere fille qu'il a cru morte pendant si long-tems, & dont sans doute il est inconsolable. Thyram entendant nommer le Roi son pere, lui demanda avec empressement l'explication de ce discours. La vieille qui aimoit un peu à babiller, prit aussi-tôt la parole, & commença en ces termes.

L'Empereur du Mogol n'avoit qu'un fils, & il desiroit ardemment d'avoir une fille qui pût ressembler à son frere, qui étoit fait à peindre. Au bout de quelque tems ses vœux furent exaucés, & la Reine étant devenuë grosse songea, comme c'est la coutume, à inviter toutes les Fées à la naissance de cette fille. Impitoyable y vint comme les autres. Elle laissa tomber son éventail en se mettant à table. La Reine qui étoit près d'elle appella un de ses Valets de pied pour la ramasser. La Fée fut choquée de ce que la

Reine étant si proche, elle ne s'étoit pas donnée la peine de le ramasser elle-même. Car comme cette Fée est la plus cruelle de toutes, elle est aussi la plus fiere & la plus glorieuse. Elle en témoigna son ressentiment à la Reine, qui surprise de cette hauteur, & peu accoutumée à s'entendre parler sur ce ton, ne daigna pas lui répondre. La Fée en rougit de colere, & médita dès ce moment le projet de vengeance qu'elle a si bien exécuté. Après le repas la Reine eut des douleurs, & le lendemain elle accoucha d'une fille d'une beauté parfaite, & la joye fut grande dans toute cette Cour. Les Fées la douerent d'adresse, de vertu, de mémoire & d'autres dons pareils. Quand ce fut le tour d'Impitoyable, on la chercha par tout, mais inutilement, elle étoit disparuë. On crut qu'une affaire extrêmement pressée l'avoit engagée à ce départ subit : cela ne troubla point la Fête. Les Fées, après avoir bien dansé & s'être bien diverties, se retirerent chargées de présens, & fort contentes du Roi & de la Reine du Mogol. Thyram interrompit la vieille dans cet endroit, & lui dit qu'il sçavoit tout cela, mais que cette Princesse étoit morte. Il ne se nomma pas encore, attendant la fin du récit, & n'imaginant jamais que Melime fût cette sœur qu'il croyoit être morte. Patience, dit la vieille, pa-

tience,

tience, & si vous voulez sçavoir la fin de mon Histoire, ne m'interrompez plus, car je l'oublierois totalement. Nous en étions, je crois, au départ des Fées. Le lendemain, comme j'étois auprès du berceau de la jeune Princesse, j'entendis tout-à-coup un grand bruit, & je vis entrer par la fenêtre un grand homme noir, qui me saisissant par les cheveux d'une main, & prenant le berceau de l'autre, sortit par le même endroit. Ma peur fut si violente, que j'ignore le chemin où nous passâmes, & le tems que nous employâmes à le faire; je sçais seulement que quand j'eus repris mes sens, je me trouvai dans cette maison à côté de la petite Melime, je n'y eus pas été un quart d'heure, que la porte s'ouvrit, & je vis entrer une grande femme dont le regard menaçant m'effraya autant que le son de sa voix. J'avois besoin, dit-elle, d'une Jardiniere pour cultiver ma maison de campagne. J'ai trouvé la fille de cette petite Reine du Mogol assez gentille. Je m'imagine que lorsqu'elle sera grande, elle pourra bien me rendre ce service. Ayez-en soin, je reviendrai la visiter tous les jours à la même heure. Depuis ce jour elle est venuë régulierement, & lorsque Melime a atteint l'âge de douze ans, elle lui a donné les ouvrages les plus pénibles; de sorte que je ne pouvois voir ſans une douleur amere une Princeſſe d'un ſi haut rang occupée à de ſi vils travaux. Cependant je lui ai juſqu'à préſent caché ſa naiſſance, de crainte d'augmenter ſes ſouffrances. L'eſperance d'en voir la fin, paroiſſoit bien éloignée, quand le Ciel vous a envoyé pour nous délivrer; puiſ-ſiez-vous en avoir la récompenſe que vous méritez, & obtenir tout ce que vous dé-ſirez.

Pendant tout ce diſcours Thyram avoit paru rêveur. Dès qu'il fut fini, il ſe jetta au cou de Melime: C'eſt donc vous, ma chere Sœur, que je revois; votre préten-duë mort n'étoit donc qu'une feinte de ma mere, ah! je n'en doute plus. La pre-miere fois que je vous ai vûë, la nature ſembloit me l'inſpirer: goûtons mainte-nant une joye pure, rien ne manque à no-tre bonheur. Seroit-il poſſible, dit Me-lime, que vous fuſſiez mon frere! &... La Vieille l'interrompit en cet endroit, & dit: maintenant je reconnois ſes traits; oüi c'eſt le Prince Thyram. Les fatigues qu'il a euës, l'ont un peu changé, c'eſt ce qui fait que je ne l'ai pas reconnu d'a-bord.

Les diſcours pleins de tendreſſe ſuivi-rent; les embraſſemens n'y furent pas épargnés, non plus que les larmes de joye.

Le Prince Zineby regardoit cela d'un

coin de la chambre, & il regrettoit sa forme de Lézard, sous laquelle il avoit pû impunément baiser la belle main de Melime. Plus il la regardoit plus il la trouvoit charmante. Melime fut la premiere qui s'en apperçut. Jeune Prince, dit-elle, vous paroissez bien sérieux, on diroit que vous ne prenez point de part à notre joye? Madame, répondit-il, vous ignorez ce qui m'occupe, & je n'ose vous le découvrir. Melime qui avoit été élevée d'une façon à n'entendre rien à ce langage, & d'ailleurs d'un naturel assez gai pour ne pas s'accommoder de la langueur (37) d'un amant, lui tourna le dos, & demanda à Thyram ce qui s'étoit passé dans le Palais après son enlevement. Thyram lui en fit ainsi le récit.

Le jour funeste de votre enlevement la Reine vint toute effrayée & fondante en larmes dans l'appartement du Roi notre pere lui dire, qu'un chien avoit enlevé la petite Melime du berceau, & l'avoit emporté hors du Palais, que la Gouvernante l'avoit voulu suivre ; mais que le chien avoit pris le chemin du fleuve, & que s'étant précipité dedans, la fidelle Gouvernante, desesperée, s'y étoit jettée aussi, & que tout étoit disparu.

Elle avoit apparemment inventé cette histoire pour cacher au Roi la querelle qu'elle avoit euë avec la Fée, parce que c'étoit réellement par sa faute que ce malheur étoit arrivé.

Le Roi s'arracha les cheveux, & fut dans la douleur la plus vive, toute la Cour retentit de hurlémens & de cris lamentables; la Reine au milieu de ce bruit faisant paroître un courage d'Amazone, ne perdons point de tems, dit-elle, qu'on donne ordre à tous les Pêcheurs de se rendre au bord de la riviere pour avoir au moins les restes infortunés du fruit de nos amours. Toute la Ville fut en rumeur, on ne vit que filets de toutes parts; le fleuve dans un instant fut couvert de barques. Pour moi je quittai mes beaux (38) habits, & m'étant revêtu d'un sac, je m'en allois comme un desesperé avec un grand filet, pour voir si le sort ne me favoriseroit point, mais ce fut en vain; quelques efforts que l'on fît, soit en pêchant, soit en mettant le fleuve à sec, on ne put découvrir ni Princesse, ni chien, ni Gouvernante. Enfin, ma chere Sœur, nous ne comptions plus sur vous, lorsque mon bonheur m'a conduit ici. Je n'ai plus rien à désirer; je mourrois content si je mourrois tout-à-l'heure. J'ai fait la conquête de l'Eau de diamant, qui va mettre entre mes bras l'objet de mon amour, & j'ai retrouvé une Sœur qui rend ma joye complette. Voilà le Prince Zineby, qui m'a été d'un grand secours dans cette expédition, je ne crois pas pouvoir mieux lui en marquer ma reconnoissance, qu'en vous priant de l'accepter pour Epoux. Vous avez, mon cher Frere, dit Melime, prévenu mes désirs ; car depuis que j'ai vû Zineby, je sens que je serai bien aise de le voir toujours. Ah ! Madame, dit Zineby, que cet aveu est flatteur pour moi, puisqu'il vient d'un cœur dont la sincerité doit égaler la pureté.

Thyram les exhorta à s'aimer toujours de même ; mais, ajoûta-t-il, mettons-nous en marche pour aller à Cachemire.

Les Princes firent une espece de brancard où ils porterent Melime, de crainte de gâter ses pieds délicats. En descendant le mont Caucase, ils virent des gens à cheval qui cherchoient de tous côtés. Thyram se douta que c'étoit des Cavaliers envoyés pour les chercher ; il alla à eux, & s'étant fait reconnoître, tous les Cavaliers s'assemblerent, on donna un cheval à Melime & aux Princes, sans oublier la Vieille. Zineby fut d'avis de dépêcher un Courrier à Cachemire pour annoncer leur arrivée, ce qui fut décidé à la pluralité des voix. Le Courrier partit, & après un voyage heureux, nos Heros arriverent à la vûë de Cachemire. Toute la Ville étoit fous les armes ; on n'entendoit que les haubois & les inftrumens. Le Roi & la Reine s'avancerent eux - mêmes dans une caléche ornée galemment , où ils firent entrer la belle Melime & les Princes, après avoir verfé des larmes de joye , on leur raconta ce qui s'étoit paffé pendant la route. Le Roi ne pouvoit contenir fa joye ; car il avoit pour Thyram de l'amitié la plus tendre depuis qu'il avoit vû le courage avec lequel il étoit parti. Il emmena chez lui cette illuftre troupe , & embraffa tant de fois Thyram, qu'il penfa l'étouffer.

Tous les Seigneurs du Royaume s'affemblerent dans l'appartement du Roi, pour être préfens à l'effet de l'Eau de diamant. Thyram ouvrit la Phiole, & en ayant verfé deux gouttes fur un pinceau , il en frotta légerement la peau qui couvroit l'œil de Zerzemire, auffitôt elle difparut fubitement , & laiffa voir le plus bel œil & le plus beau vifage que jamais la nature eût formé. D'abord que cela fut fait, le premier Mandarin s'étant levé , déclara tout haut , que le Roi faifoit le Prince Thyram fon unique heritier , & qu'il lui donnoit fa fille*. Auffitôt toutes les trom-

____

* C'eft ainfi que le Royaume de Cachemire a été long-tems fous la puiffance du Mogol , jufqu'à la révolution qui le réunit à la Perfe.

pettes & les tambours annoncerent cette nouvelle à toute la Ville. Ce ne fut pendant quinze jours que fêtes, feux d'artifices & concerts. Le mariage fut célébré avec toute la magnificence possible.

Le Roi du Mogol ayant sçu que son fils étoit arrivé à Cachemire, s'y rendit aussitôt. Il pâma de joye en voyant sa chere fille, qu'il avoit cru morte. Le Roi de Cachemire s'y rendit aussi. Le mariage de Zineby avec Melime se conclut, & par-là nous avons trouvé le moyen de contenter tout le monde, excepté peut-être le Lecteur.

LE MYSTERE DE'VOILE',
ou Commentaire spéculatif sur l'ingénieuse Histoire de Zerzemire, Princesse de Cachemire.

L'Histoire de Zerzemire ressemble aux Hyerogliphes de l'ancienne Egypte, dont les Sçavans seuls avoient l'intelligence. Elle peut être lûë par trois sortes de Lecteurs ; le Peuple, les demi-sçavans, & les Sages. Le Peuple, cette partie grossiere du genre humain, qui ne paroît exister que pour consumer les fruits de la terre, *fruges consumere natus*, prendra pour une verité physique l'ingenieuse fiction de cet Ouvrage. Il cherchera sur la Carte Géographique la position du Royaume de Cachemire avec autant de bonne foi & de succès que les Commentateurs d'Homere & de Virgile, ont fixé le lieu qu'habitoit Calypso & l'entrée de la Caverne qui conduisoit au sombre Palais de Pluton. Le Magicien noir, l'Oracle de la Sybille, la Forêt lumineuse, la Fée Impitoyable, son Anneau, la Cassette, & son Eau de diamant, seront pour cette espece de Lecteurs autant de réalités & de faits incontestables.

Les demi-sçavans se contenteront de

regarder l'Hiſtoire de Zerzemire comme un joli conte fait à plaiſir, comme un Roman bien écrit, mais ſans deſſein & ſans conſéquence, & qui n'a d'autre utilité que de pouvoir remplir un quart d'heure de deſœuvrement. Ils en examineront le plan, la conduite & le ſtile. Le Magicien noir leur paroîtra venir ſubitement comme un Dieu dans une machine d'Opera, ou comme l'Exempt, qui vient arrêter le Tartuffe, pour faire le dénoüëment de cette Piéce de Moliere. Les plus pointus critiqueront peut-être l'épiſode de Zineby & de Melime, Thyram paroiſſant dans le commencement avoir tenté le premier l'avanture de la conquête de l'Eau de diamant, la facilité d'Impitoyable à ſe laiſſer enlever ſon anneau, celle des deux Princes à le perdre après s'en être rendus maîtres, leur métamorphoſe, & mille autres légeres circonſtances de cette hiſtoire, ſeront les objets de leur critique, incapables de s'élever juſqu'à l'eſprit de l'Auteur délicat, à qui nous devons ce chef-d'œuvre litteraire, ils ſe borneront à n'en conſiderer, pour ainſi dire, que l'écorce & les dehors.

Mais les Sages, brillantes images de la Divinité, faits pour pénétrer les miſteres de la nature, & lever le voile déſolant qu'elle oppoſe à notre curioſité ;

les Sages, dis-je, voudront arriver jusqu'à l'Auteur même, fonder la profondeur de fes deffeins, & découvrir fous l'envelope de la fimplicité de fes expreffions, des verités aufquelles peut-être il n'a jamais fongé; c'eft ainfi que l'illuftre Mathanafius a trouvé des beautés fans nombre dans une chanfon que les ignorans abandonnoient au vulgaire. Que d'heureufes allufions, que de merveilles ne verront-ils point dans l'œil unique de la belle Zerzemire. Il fera pour les Theologiens l'image de la Providence & de la Sageffe fuprême, qui d'un feul coup d'œil voit tout ce qui fe paffe dans l'univers. Les Aftrologues y admireront l'emblême du Soleil, que les Poëtes appellent l'œil du monde; les Jurifconfultes y rencontreront l'empreinte de la Juftice, qui voit du même œil le Souverain & le Sujet, le fceptre & la houlette, l'opulence & la pauvreté. Les Phyfiçiens y appercevront l'œuf fameux d'Oromaze & d'Ofyris, ce globe fécond qui contenoit la nature entiere avant fon développement; en un mot chaque Science y trouvera l'objet fpécial de fes fpéculations. Que ne diront point les Sectateurs des Agrippa & des Raymond Lulle, de cette Eau de diamant & de cette poudre merveilleufe qui réunit les membres coupés. Ce fera pour eux cette matiere premiere, principe admirable de tous les mixtes, qui se refuse si opiniâtrement à leurs recherches laborieuses *; ils y trouveront sans peine cette médecine universelle, ce restaurant general qui doit nous faire passer l'âge de Mathusalem, & rendre à l'homme, en dépit du péché originel, le droit de l'immortalité. Je ne finirois point, si je voulois parcourir tous les misteres que cette Histoire incomparable peut offrir aux Sages & aux Philosophes capables de l'approfondir. Ces génies lumineux voyent differemment du reste des hommes ; tout est symbolique, tout est énigme pour eux. Il est à présumer que le sçavant Cocrocbrocfroc, Auteur de Zerzemire, n'a prétendu écrire que pour des hauts Contemplatifs. Plus cette histoire

* La fameuse Préface du sçavant Raymond Lulle, où il est traité des sept concerts de la Philosophie hermetique, & des sept accords de la Basse de Viole à sept cordes, & du Diapason ; du Clavessin organisé composé de sept octaves, qui forment les sept cœurs ornés des sept décorations qui représentent les sept Planetes & les sept Métaux, sous l'emblême des sept merveilles du monde. Tout cela, dis-je, n'est que la décoction qui doit composer la fameuse Pierre Solaire & lunaire, qui convertit tout métail en fin or & argent, & qui rend la santé & réunit les membres coupés. C'est donc de cette merveilleuse recette qu'étoit construite ladite poudre.

a de simplicité, plus elle est à la portée du commun des hommes, plus on est disposé, sur la réputation de l'Auteur, à y entendre finesse. Mais comme il est trèsaisé de s'égarer dans le vaste païs des conjectures, je laisse à la sagacité de nos Œdipes le soin de développer l'intention de Cocrocbrocfroc ; & plus elle peut avoir d'objets, moins j'ose la déterminer à un seul ; & je respecte trop les vûës sublimes d'un si sçavant homme, pour me hazarder de lui prêter mal à propos les miennes.

REMARQUES ET NOTES
critiques.

Il se présenta un homme (1) *d'assez mauvaise mine qui demanda à parler à la Reine.* L'Auteur a apparemment des raisons secrettes de cacher le nom & l'espece de cet homme ; car ce n'est que par conjecture qu'il est Magicien. Il est singulier que le sage Cocrocbrocfroc, qui a écrit cette Histoire, ait tû le nom de celui sur qui roule toute l'avanture. En effet, on peut remarquer qu'il n'est plus parlé de cet homme dans toute la suite du Livre. Ce sont apparemment des mysteres qui ne doivent pas nous être revelés.

Le Roi lui demanda (2) *ce qu'il vouloit à la Reine.* La discrétion de Cocrocbrocfroc

m'étonne de plus en plus , je ne sçais même sielle n'est pas excessive. Pourquoi cacher au Lecteur impatient ce que ce Borgne vouloit à la Reine ; c'est suspendre
son attention , & le laisser dans l'embar-
ras. Je ne connois pas là le jugement ordi-
naire de notre Sage.

Il me semble (3) que l'Auteur n'a pas
suivi un ordre exact en faisant la descrip-
tion de la chambre de la Magicienne avant
celle du Portier , qui est naturellement la
premiere chose qu'on voit à l'ouverture
d'une porte.

Un réchaud (4) *où fumoit une drogue qui
se répandit par toute la chambre.* Le sage
Cocrocbrocfroc joignoit à toutes ces cou-
noissances une étude particuliere de la
Chimie , c'est pourquoi nous voyons que
presque tout dans son misterieux Livre y
a raport. Ce réchaud me donne occasion
de citer la façon dont il s'exprime dans
son profond Traité de l'Oeuvre , traduit
du Grec par Gilatomini en 584.

Onc ne fut œuvre qui renferme plus de
merveilleusités que celui que je vais trai-
ter , après raisonnemens moult serieux ,
& avoir puisé dans les Chimicophisiques,
œuvres de Bazile Valantin , & de Hermès
Trimegeste , je conclus que pour faire
œuvre philosophique , recipé une dragme
teinture de lune , 6 onces huile de mer-

cure rectifié par 7 operations de ſoleil ,
joignez à iceux 5 dragmes de terre - mere ,
mettez le tout ſur un réchaud , faites-
en évaporation, putrefaction & diſſolution
ſelon l'art décrit par Caraccioli & Ban-
dulo Philippepopoly , vous trouverez
œuvres royales & univerſelles , & il y
a apparence que Cocrocbrocfroc a voulu
nous donner l'emblême de cette recette
par le réchaud où fumoit la drogue qu'on
verra dans la ſuite être tenuë par une Magicienne , dite Reine des Gnomes , ce qui
a raport à la terre - mere , qui fait partie
de la recette précédente.

Il en ſortit auſſi-tôt un Enfant (5) *tout noir.*
Cet Enfant ne ſignifieroit-il pas le fils de
Balthazar , un des trois Mages Afriquains,
qui ſuivant Antomanicapucioto & Ber-
jacarloly , n'eſt autre choſe que l'Enfant
prodigue de la Parabole , & qui ſignifioit
l'Antechriſt , ſelon Manicocar.

La phiole d'Eau de (6) *diamant.* Cocrocbrocfroc , le héros de tous les Sçavans,
donne une recette pour faire une liqueur
qui reprime les tentations de la chair ,
qu'il apelle en Grec Εξαμικξεοστος , en Latin *Aqua adamantina* , & en Siriaque *Ka-*
tiuoyzĩnlque , & en François *Eau de dia-*
mant , parce qu'elle eſt plus merveilleuſe
cent fois que la Médecine univerſelle ;
puiſqu'elle contribuë à rétablir la ſanté de

l'ame. Le Lecteur sera peut-être curieux d'en sçavoir la composition : Recipé 6 livres de graisse de mouton passée 6 fois par le ciment royal, sublimés, dissolus & putrefaits selon l'art, joignez-y rosée de Mai, sublimé corrosif, tartre stibié, huile de trufe tirée sans feu, essence de canelle, une once de chacun distilés, évaporés, & gardez soigneusement la poudre qui restera au fond, dont vous prendrez une dragme toutes les fois que lesdites tentations vous prendront. Traité des Sudorifiques, Liv. 2. pag. 6. Hebrard & Bazan, qui ont travaillé sur l'interprétation du sçavant Conte de Zerzemire, croyent que c'est de cette Eau dont prétend parler Cocrocbrocfroc. La difficulté de l'opération est figurée par les périls de la conquête.

Une bague (7) *qu'elle y porte, & qui a seule, &c.* Nous trouvons là parfaitement signifié l'anneau du Pêcheur qui fait tant de bruit à la Cour de Rome. Les troubles présens de l'Eglise ne me permettent point d'entrer dans tous les détails qui seroient nécessaires pour l'explication de cette emblême. Ceux qui seront les plus versés dans le parti Janseniste y trouveront plusieurs faits qui semblent les favoriser ; la liaison de tous les événemens de cette bague, est un vrai tableau vivant d'une

infinité de chofes qui font arrivées, &
qui arriveront à ce fujet. Cette matiere
eft trop délicate pour faire le détail de
toutes les circonftances exprimées par l'anneau du Pêcheur.

Que la Princeffe (8) feroit accordée à ce-
lui qui apporteroit l'Eau de diamant. Que
de foupçons naiffent dans l'idée du
Lecteur , & combien de raifons n'a-t-il
pas de douter de la vertu de l'Heroine;
puifque l'Eau de diamant étoit le feul remede à fon mal , ne femble-t-il pas qu'il
vint de celui à laquelle étoit deftinée
cette Eau , & que la fiction du Magicien
n'étoit que pour couvrir d'un voile hon-
nête un malheur qui n'étoit arrivé que
par un défaut contraire à la chafteté.

Un jeune Prince appellé (9) *Thyram.* Le
grand nombre de ceux qui entreprirent
la conquête de l'Eau de diamant , eft une
fiction ingénieufe de Cocrocbrocfroc,
pour exprimer ; Roger , Bacon , Bartolin ,
Ambroquy , & Houly Palilulalulo Arabe ,
qui tous ont travaillé à trouver l'Eau de
diamant , & qui n'ont jamais imaginé de
la chercher autre part que fur les excré-
mens des dindons & les fiels des cocqs
noirs , joints avec le criftal mineral , &
qui au bout de leurs grandes opérations
n'ont rien trouvé qu'un peu de pouffiere
dans le creufet. Je reçonnois dans cette
emblême

emblême l'esprit souple & délié de notre sçavant Philosophe qui sçait envelopper des verités sous des voiles impénétrables au vulgaire.

Avec sa coëffure (10) *qui cachoit sa difformité.* Hebrard & Bazan, prétendent que Cocrocbrocfroc entend par là les parures des femmes sur le retour, qui ne sont que que vieilles murailles récrépies, & qui sous les apparences de la beauté & de la jeunesse, cachent l'assemblage hideux des vices de l'ame & de la difformité du corps. Pour moi je crois qu'il est question, n'en déplaise à ces sçavans Auteurs, des tapisseries que l'on met sur les murailles pour en cacher les défauts, ou bien des emplâtres qu'on met sur les yeux quand il y vient du mal. On me blâmera d'avoir des idées si communes, mais je crois que sur un Ouvrage aussi misterieux que Zerzemire, il faut aller au plus simple pour en démêler les pompeux cahos.

Où étoit la Forêt (11) *lumineuse.* Je ne sçaurois exprimer au Lecteur la douleur où je suis de me trouver encore opposé au sentiment des sçavans Hebrard & Bazan, leur mémoire est trop respectable pour ne pas trembler en les contredisant. Ils prétendent que la Forêt lumineuse est l'image de l'esprit qui est rempli de différentes idées qui forment, pour ainsi dire,

D

une forêt de lumieres. Que j'ai à craindre les ris immoderés des critiques, quand j'abandonnerai une idée auſſi noble pour dire qu'il eſt queſtion des vers luiſans qui ſe trouvent dans la campagne au mois d'Octobre, ou de toutes les chandelles qui s'allument dans Paris pendant la nuit. Quiconque aura un eſprit ſupérieur, verra que dans mon ſentiment ſont renfermées des merveilles que lui & moi ſeul connoîtront.

Il apperçut ſeulement quatre ou (12) *cinq arbres.* La premiere édition de cet Ouvrage fait le détail de ces arbres, elle prétend qu'il n'y en avoit que trois, un chêne, un ſicomore, & un cyprès; le chêne ſignifiant l'abondance, le ſicomore la conſtance, & le cyprès la liberalité. J'ai trouvé ſi peu de raport entre ces trois arbres & leur ſignification, que j'ai cru que Hebrand avoit mal traduit l'original Arabe, & qu'il ne falloit pas mettre une explication ſi ridicule. Les Botaniques chercheront le dévelopement de ce ſçavant article, qui contient la découverte du ſel vegetatif qui produit le creſſon, & qui donne la couleur au coquelico, auſſi-bien que l'odeur au piſſenlit, & qui fait retirer la ſenſitive à l'approche d'un homme qui n'a pas le cachet de Salomon ſous l'ongle du ſecond doigt du pied gauche. C'eſt ce même ſel,

selon Maffiniofa, qui fait végéter la mouffe
fur le crâne d'un pendu , dont eft compo-
fée la fameufe poudre de Guttette , & qui
eft caufée par la rencontre des efprits animaux avec l'orifice interne du cerveau lors
de la décadence de la machine caufée par
la mort violente. Cette differtation me
rendra moins intelligible aux ignorans
que Zerzemire elle - même ; mais je l'ai
déja dit & je le répéte encore , je n'écris
que pour des Sçavans du premier ordre ,
& qui connoiffent la grande clef des
Sciences.

Un jeune homme beau comme (13) *l'Amour,
&c.* Quelle énergie , & quelle force ne
trouve-t-on pas dans le fujet de cet épifode.
Ne voit-on pas clairement que le vice eft
reprefenté par ce jeune homme beau en
apparence , & tout entouré de ferpens.
Hypocrate prétend qu'un remede fûr pour
guérir les engelures , eft de faire diffou-
dre fix viperes dans une once d'eau-forte
& de l'avaler à jeun. Bartholin ajoûte ,
que pour vivre familierement avec les animaux les plus féroces , prenez de la poudre de guimauve , que vous mettrez entre le doigt index & le medium de la
main droite , & vous vivrez amicalement
avec tigres , pantheres & léopards , pourvû qu'ils ayent un figne au front fait en
étoile lunaire. Les anciens Sectateurs de

Pitagore font une grande differtation fur le mot Hebreu *haraim* , mais tous conviennent que rien n'eft plus expreffif que ce mot pour fignifier l'action de la terreur panique. Le Critique auffi ignorant que rempli de fiel, blâmera avec dérifion des mifteres où la foible portée de fon génie ne fçauroit l'élever ; mais les Platons, les Seneques , les Cicerons , les Tite-Lives & les Horaces comprendront que fous ces voiles eft cachée la chofe la plus importante à connoître. Que celui qui a des yeux voye, que celui qui a des oreilles entende. *

De cet étrange (14) *enchantement.* L'enchantement dont parle ici Cocrocbrocfroc eft de ceux qu'on divife en trois claffes, felon Cardan , enchantement par immerfion, enchantement par incifion , & enchantement par extenfion. Le premier fe faifoit autrefois dans les mifteres de la bonne Déeffe , dont nous n'avons pû connoître que cet article : On prenoit l'afpirante en lui faifant faire fept fois le tour d'une araignée noire qui étoit au milieu d'une décoction d'eau - rofe, au feptiéme on lui jettoit deux gouttes de cette eau fur la place du cœur , & l'afpirante de-

* Cette belle Remarque eft un chef d'œuvre achevé dans fon genre.

meuroit enchantée pendant 28 jours, pendant lesquels la bonne Déeſſe vêtuë d'une robbe de mocquette, & une coëffure de brocatelle jaune, leur apparoiſſoit, & leur enſeignoit les 15 premieres Sciences; & l'effet de l'enchantement étoit de n'oublier jamais ce qu'on leur apprenoit.

Enchantement par inciſion ſe pratique avec une patte de crapeaux qu'on met dans une inciſion qu'on fait ſous la langue avec de l'urine d'un chat-huant, cet enchantement eſt merveilleux pour inſpirer la freneſie, ſi on peut l'exécuter pendant le ſommeil ſans que l'enchanté ſe réveille. C'eſt avec cette recette qu'on fait courir le moine bouru qui roule comme un tonneau tous les vendredis, afin de tordre le col à tous ceux qui mettent la tête à la fenêtre. On le fait encore en mettant du guy de l'an neuf cueilli la veille de la S. Jean par un clair de lune entre 11 heures & minuit ſous l'épaule d'une perſonne qu'on veut envoyer au ſabat. Le tout ſe fait par inciſion.

Enchantement par extenſion; les Veſtales s'en ſervoient pour faire brûler le feu ſacré: On prenoit la queuë d'un chat noir qu'on coupoit en quatre parties, quatre Veſtales en avaloient chacune une en diſant *macere immacere grimacere antigliacere.* Dès le moment il ſortoit de leur bouche une colonne de feu qui ralumoit celui qui étoit éteint. La dureté de cette colonne faisoit appeller cet enchantement l'extension.

Je crois que l'enchantement de Zineby étoit de ce dernier genre.

Dans ces (1 5) deserts. Apollonius se sert du nom de deserts pour exprimer les bals que l'on donnoit pendant le Carnaval du mot Latin *saltatio*, c'est-à-dire, *sine saltu*, sans bois, ce qui désigne un lieu aride & desert. Ainsi il met indifféremment ces deux mots l'un pour l'autre. Henri premier aimoit passionnément la pavane, & la dansoit dans les deserts ou bals de Jarnac & de Moncontour avec la belle Gabrielle. L'établissement des deserts dans le tems du Carnaval vient de Philippe second, qui étant malade d'une fluction catareuse, ordonna des deserts ou bals dans tout le Royaume ; afin, disoit-il, de mourir gayement. Cette remarque est sçavante & fera plaisir à ceux qui aiment les étimologies.

Entouré de (1 6) serpens. Nous connoissons trois sortes de serpens, serpent Pithon, le serpent qui tenta Eve, & le serpent de Vulcain. Hyperborée y ajoûte même le serpent antipasmodique.

Le serpent Pithon est celui qui animoit les Sorcieres dites Pithonises, & qui leur

faifoit rendre leurs oracles par le fondement. La Secte des Pithoniens confiftoit
à définir toutes les actions de la vie par des
ferpens, prétendant que les Dieux avoient
voulu fignifier par là tous les évenemens
de ce monde. Efprit de ferpent, cœur de
ferpent, fcience de ferpent, beauté de fer-
pent, vivacité de ferpent, curiofité de fer-
pent, bêtife de ferpent, pierre ferpen-
tine, &c.

Le ferpent qui tenta Eve, tout le monde
en fçait l'hiftoire, & y découvre mille
beautés & mille gentilleffes.

Le ferpent de Vulcain eft celui qui
nous tente lorfque nous nous laiffons aller à des feux impurs. Les hyeroglifes des
Egyptiens étoient l'Ecriture de ce tems-
là, felon Seneque & Plutarque, & le fon
des cloches ne vient que de la vibration
de l'air.

Il tira fon (17) *cimeterre.* C'étoit l'ar-
me la plus en ufage chez les Hottentots;
c'eft auffi l'image de la mifere. Pifcher prétend dans fon Livre du Mouvement per-
petuel, que la mifere eft un cimeterre qui
nous fabre la joye & les plaifirs.

Ce font fes propres termes, ce font les
fabres qui font la force des Princes, la
puiffance des Grands, & la fureté des petits. Les fabres donnent de la raifon aux
hommes, les fabres mettent la police, les

fabres mettent le bon ordre dans les Royaumes , tout ne fe fait que par fabres, fans les fabres nous ferions tous fabrés. Je crois que c'eft là l'idée que veut nous fabrer Cocrocbrocfroc.

Zineby (18) *pâlit.* Cocrocbrocfroc figure par là les ponpons qu'on met en ufage pour relever la pâleur du teint. C'eft du moins l'idée d'Hebrard & de Bazan; j'approuve ces grands hommes , mais je ne puis comprendre le raport qu'il y a entre la pâleur & les ponpons. Il me femble plus vraifemblable de croire que la pâleur fignifie la peur. Cardan dit que Menufius étant fur le point d'être pendu en pâlit , je ne fçais fi ce fut de joye , ou de trifteffe. Nicolas Flamel brûlant un parfum pour faire venir des Sylfes , fuivant la Liturgie Hebraïque , & rempliffant fa tête des grandes lumieres de la Cabale , le grand Sabannah lui apparut fous la figure de Zoroaftre , & lui donna une épée ardente que Pomponas & Lucile appellent *Cicoque nomen ejus* , qui avoit la vertu de faire pâlir tous ceux qui regardoient ledit Flamel au talon , s'ils n'avoient pas la précaution d'avoir fix viperes dans la poche droite, & fix manches de billard dans la poche gauche avec de la cervelle d'un enfant de de trois ans , deux vieilles plumes à écrire qui ayent écrit le mot *Rabinazar ,* deux

poils

poils de sourcil, un morceau de bec de cocq-d'Inde, une pate de mouche & plusieurs autres beatilles de cette espéce sur le cœur. Il fut condamné par le Parlement de Grenoble à être brûlé *Propter Doctorem Nazar :* suivant la Loi *Ut ejus,* il ne put obtenir un interlocutoire. Il en appella comme d'abus au Parlement de Dijon, qui lui donna une jussion pour comparoir devant la Cour, ou d'être condamné par contumace, *Propter Docto-rem Nazar.* Son affaire s'accommoda à condition qu'il seroit brûlé vif. Voyez les Plaidoyers de Selse, Blessus, Dorné, Bombaste & Paracelse de Honeimheim, & le Traité de Jamblique sur les vertu-gadins.

De la (19) *Caverne.* Aldobrandus a fait un fameux Traité sur la Patisserie, où il appelle Caverne un four d'une nouvelle invention; je crois que c'est cette idée que Cocrocbrocfroc a voulu critiquer. La Caverne de Montesinos n'est selon Brigitus, qu'un four de cette espéce. L'art de la patisserie fut inventée par Tubal-cain. Comme mon dessein est d'enrichir l'esprit du Lecteur, par les secrets qui se trouvent à propos, je crois devoir lui faire part de la recette du Pâté spirituel de Dindonius, qui est extrêmement sçavante en ce qu'elle fait raisonner juste. Ce Pâté

E

myſtique conſiſte dans un hachis de vertu & de ſageſſe, aſſaiſonné avec des pointes & des ſaillies, & mis dans une croute de raiſon avec des blancs d'œufs philoſophiques, pour être enfourné dans la Caverne de l'expérience. Aldobrandus donne pluſieurs ſecrets de cette eſpéce ſur la Cuiſine, que le Lecteur prendra la peine de lire lui-même dans ſon Traité d'Anatomie.

L'Eſcalier (20.) *de porcelaine.* Les Chinois ont un tel goût pour la porcelaine qu'ils s'en font faire des habits. La coûtume de ces peuples le premier jour de l'an eſt trop ſinguliere pour ne la pas rapporter ici : dès la pointe du jour ils avalent trois coquilles de noix en l'honneur de Confuſius, & ſe font faire une inciſion depuis le pericarde juſqu'au pericrane, pour découvrir s'ils n'ont pas la marque des manumittes, qui eſt une fleur de tourneſol figurée ſur l'épiderme, puis levant la jambe droite ils ſe ſoutiennent ſur le doigt annulaire de la main gauche, & l'index du même pied. Là Confuſius leur apparoît en ſoutanelle de lin incombuſtible, avec l'œuf d'un Roi pendu au col, & de la graine de citroüille dans ſon haut de chauſſe, porté ſur un palanquin par deux intelligences blanches & noires, l'oreille droite coupée & les deux bras en écharpe, le nez écraſé, n'ayant qu'un œil louche & l'autre crevé, douze dents arrachées & posées en chapelet autour du col, vêtu d'une étoffe que nous appellons cotonade galonnée de limaçons ; & il leur donne une phiole d'huile de thérebentine, qui a la vertu de convertir toutes les couleurs en noir, toutes les odeurs en celle des écrevisses cuites, & tous les ouvrages spirituels en ouvrages corporels, le bon sens en folie, la science en ignorance, l'esprit en bêtise, le diable en un grand saint, & les fleurs de pêcher en tabatieres de fer blanc, &c.

Dans un (2 1) *Livre.* Cocrocbrocfroc ne nous dit pas quel étoit ce Livre, Bazan prétend que c'étoit le Traité de Volusia, sur la difficulté de trouver les choses impossibles. Ce Livre est partagé en cinq parties; la premiere trouver un homme raisonnable ; la seconde l'aiguille couleur de rose, qui donne de la gayeté en se la fourrant justement entre les deux yeux ; la troisiéme, trouver un homme d'esprit qui ne le sache pas ; la quatriéme, chercher la science hygronique qui consiste à allumer du feu avec du tabac d'Espagne & un verre d'eau ; la cinquiéme, à réduire les Sçavans à convenir qu'ils ne sçavent rien. J'admire Hebrad, je respecte Bazan, mais je blâme leur jugement ; j'ai feüilleté les Ouvrages les plus sçavans, & j'ai conclu que le Livre en question étoit la Mythologie moderne de Caligula , sur le Pantacle d'Agamemnon , où il nous découvre que les arbres appellés Tilleuls ne sont que l'essence des pierres de tailles passées par la machine pneumatique de la nature ; il explique dans le même Livre l'explication des sept notes de Musique, disant que à-mi-là , signifie l'amitié , be-fà-sy , les bienfaits , de-là-re , le délire, e-sy-mi , les pains azymes , ef-ut-fà , les fautes d'ortographes ; Ge-re-sol des Girandoles. Cet emblême est extrêmement sçavant , il n'y a que des Philosophes du premier degré qui puissent l'entendre. Voyez le Traité de Vatramor sur les Carnations, & la Dissolution de l'homme, par Mathieu Hyboa.

Des yeux (22) *languissans , &c.* La fameuse Courtisanne Lays avoit un talent particulier pour rendre les yeux languissans , personne n'a pû les imiter comme elle que les Sultanes Crococy & Crococa , Favorites du Sultan Mehemeteffendy. Elles toucherent si bien ce Sultan par leurs seuls regards , qu'elles l'engagerent à pardonner à Arabondy qui avoit voulu l'assassiner. Voici leur propre discours traduit du Turc : Croyez , Seigneur, que je suis persuadée de n'être pas convaincuë d'avoir eu le bonheur d'obtenir la permiſſion , que vous voulez bien me donner de mériter la grace d'avoir quelque part dans l'honneur de vos bonnes graces. Mon trouble , mes yeux , mon cœur , mes larmes , ma pâleur , mon agitation ; un panary qui m'eſt venu au doigt & le mal que j'ai à l'épaule , vous ſont une preuve de la ſincérité de mes ſentimens. Levez-vous , dit le Sultan , levez-vous , trop aimable Princeſſe , quittez cet appareil lugubre , & prenez les apparences du bonheur vertueux que vous accorde malgré moi , & malgré la ſituation terrible où vous êtes , &c.

Laiſſant couler des (2 ;) *larmes , &c.* La Nymphe Uticoco déſeſperée de la mort du Satyre Grimantin , ne put jamais pleurer , quelque envie qu'elle en eût , elle s'enferma dans un tombeau & ſe frotta les yeux avec du jus d'oignon , ne ſe nourriſſant que de l'écume qui vient ſur l'eau lorſqu'on l'agite fortement. Sa ſeule occupation étoit de chercher des mouches dans ſon tombeau , pour les immoler aux manes du trop malheureux & innocent Grimantin. Qui eût dit ; qui pourroit s'imaginer ; la poſtérité pourra-t-elle croire ; les ſiécles futurs pourront-ils ſe perſuader que les œufs de pigeons ſoient un teméde pour la poitrine. Cette citation amuſera , je crois , mes Lecteurs du ſe-

cond ordre , & occupera très-férieufe-
ment l'efprit des fages qui prendront la
peine de la lire dans l'Art de Tourner de
M. Sintitutully.

Qui me tient ici (24) *captive.* Quand le
Roi de Maroc prend des Captifs Suedois,
il les fait venir chez lui , leur lit un Traité
des quatre fins de l'homme pour les faire
rire. S'ils ne rient pas il leur fait fendre
la bouche jufqu'aux oreilles , & les em-
ploye à l'ufage fuivant. Quand le Roi de
Maroc fort il ne doit entendre aucun bruit.
Ces Efclaves font employés à faire taire les
grenoüilles , dont il y a un grand nombre
dans ce Pays marécageux , & toutes les
fois qu'il veut condamner quelqu'un à
mort , il lui envoye ces grotefques figures ; s'il rit on lui tort le col fur le champ,
s'il ne rit pas on lui fait coudre la bouche,
s'il ne fait que fourire on lui tort la moitié du col , & on lui cout la moitié de la
bouche. La coûtume de ces peuples eft
bien finguliere d'appliquer aux femmes
qui ne peuvent faire des enfans le mufle
d'un cochon dans l'œil , afin d'attirer la
caufe maligne qui s'oppofe à l'enfantement. Cette opération eft accompagnée
d'un concert diffipant & foporatif de
manches de baffes de violes , de fifflets , de
petits morceaux de baffon , de la moitié
d'une trompette de marine , & d'un bout

de fifre. Si la belle s'endort , elle eſt guérie ; ſi elle reſte éveillée on lui tort le col comme inhabile à la propagation de l'eſpéce. C'eſt ce que raconte Caton , pour prouver la neceſſité de ſe purger tous les mois.

Ah ! (25) *Ciel.* Liſez là-deſſus l'Article des exclamations de M. Hah dans ſon Livre du parfait Cuiſinier Portugais.

Je vais vous (26) *l'enſeigner.* Le Docteur Pichron paſſa pour fou dans la ville d'Athénes , pour avoir voulu enſeigner le ſyſtême des parallépipedes , touchant l'égalité des triangles équiangles. Ce ſyſtême étoit fondé ſur ce que deux parallélogrames de même baze & de même hauteur, ſont égaux à la portion ſpherique de l'ordonnée d'un trapeze , ou d'un cone tronqué. Ciceron eût recours au Livre d'Atilla pour contredire cette opinion , il fut obligé d'employer les ſecours ſpirituels & les moyens corporels ; mais ne pouvant réuſſir,& Pichron faiſant toujours ſon galimathias de trapeze & de triangle, il l'appella en Juſtice , comme perturbateur des Sciences , & il fut condamné par le Sénat de Carthage à ſubir la peine qu'avoit ſouffert en pareil cas Gondebaud, pour avoir violé la Reine Valceſtrix dans le Palais du Roi des Huns. Cet Arrêt fit beaucoup de bruit à Rome. Le Public ac-

cufa Ciceron de n'avoir pouffé fi vive-
ment cette affaire, qu'à caufe d'un ancien
duel qu'ils avoient eu enfemble. Tout le
monde prétend que ce fçavant homme fe
trouva mal, & demeura au lit pendant
quinze jours, avec un tremblement & des
convulfions continuelles. Il en fut quitte
pour prendre des pillules de Saint An-
toine de Padoue. Lifez là-deffus Hero-
dote Livre troifiéme, où il eft queftion
de la fondation de Rome & de Romu-
lus.

Eft-ce donc ainfi qu'on fe mocque (27) *de
moi.* La colere de la Fée & fa métamor-
phofe, font des évenemens dont nous
voyons plufieurs exemples, quand on voit
les Nymphes du Mont Ehtna fe transformer
en Syrenes. Quand on voit Pyrrhus fe
changer en Autruche, quand on voit Ju-
piter fe changer en Taureau, quand on
voit Cæfar devenir Dromadaire, quand
on voit les Platons changés en Pytagores,
quand on voit, dis-je, les Diogénes trans-
formés en Herons, les Democrites en
Heraclites, les Socrates en Cyrus, les
Sefoftris en Rois de Bafly, les Charles-
Quint en Rois de Carreau, les Aléxandres
en Sixte-Quint, les Pompées en Epicuriens,
les Demétrius en Arlequins, le Soleil en
Lune, les Etoiles en Mineraux, le Firma-
ment en or potable, les nuës en hiron-

delles, les oiseaux en poissons, & tous les hommes en tous les cinq cens diables; s'étonnera-t-on que Dieu ne demande point la mort du pécheur, mais sa conversion.

De deux (28) *monstres.* Le monstre Horribec dont parle Alhahnalpa Cacique de Quebec, étoit fort extraordinaire ; il avoit une tête représentant parfaitement un baril, une gueule semblable au goufre de la mer, des griffes d'un acier luisant, un corps semblable à celui d'un chathuan écorché, une queuë de vingt-six pieds de long, faite d'un métal comme du similor, au bout de laquelle étoit le seul œil qui conduisoit la bête. Ce monstre Horribec rencontra un jour le jeune Afutfa, Grand Veneur du Cacique. Le combat fut violent, trois fois l'invincible Afutfa renversa Horribec, trois fois ce monstre lui fit sonner la retraite. Afutfa ne sçachant plus comment faire, se saisit de la queuë d'Horribec, & lui crêva son œil, mais le dragon faisant plusieurs plis de sa queuë, l'emporta en faisant des hurlemens affreux en la forêt de Thibua, où il l'auroit dévoré sans la révolution qui arriva alors en France. Voy. Pere Daniel.

Une Chaîne (29) *de Rubis.* Les Rubis sont la figure de la Piscine de Siloé, Siloé signifiant en Armenien rubibalet. Hebrard

& Bazan difent que la colique nefretique ne vient que de l'enthoufiafme, où fe mettent les Muficiens lorfqu'ils joüent une gigue. Permettez-moi, ô Manes de l'incomparable Bazan, en pleurant votre illuftre Hiftoriographe, de lui faire voir qu'il ne fçait ce qu'il dit; pourquoi fait-il venir la colique à propos de la chaîne de rubis? fi ce n'eft par le rapport qu'il y a entre la voye lactée & les Epitres familieres de Ciceron. Je trouve l'un auffi ridicule que l'autre, & vous avoüerai que je ne donnerois d'autre interprétation à la Chaîne de Rubis que les Chapelets des très Reverends Peres, les très Reverends Peres Capucins du Vifapoul, ou des Minimes d'Andrinople, qui font vœux de fléchir huit fois le genoüil ~outes les fois qu'il leur prend envie de rire. Voyez la Differtation de M. Hibou fur les Plantes fulfureufes, en la feringue fpirituelle du Pere Capucin Dom Bracanardan.

Que de merveilles ne venons-nous pas de découvrir aux humains, que de myftéres viennent de leur être revelés! Que de Sciences leur ont été dévoilées; mais qu'eft-ce que tout cela, s'ils n'en ont pas la clef, que fert à un homme d'avoir le Talifman de Jethulpha, fi le Genie Hefraël ne lui donne pas le moyen de s'en fervir?

C'eſt ainſi, mes chers Lecteurs, que je regarde comme mes enfans, & comme mes éleves dans ce torrent & cet abîme inépuiſable de ſcience; c'eſt ainſi, dis-je, que ſi vous ne demandez au grand Jevohad l'explication des merveilles que je préſente à vos foibles yeux, ſi vous ne lui demandez avec un cœur véritablement touché, vous reſterez daus le parvis du Temple, & le voile du Sanctuaire ne ſera jamais levé en votre préſence, lui ſeul peut vous donner ces connoiſſances; oùi lui ſeul, mon cher Théophile, peut vous donner le titre reſpectable d'Adepte. C'eſt pourquoi je ne regretterois ni mes peines, ni mes travaux, ſi cela pouvoit mettre dans votre cœur les principes de ſageſſe & de Religion, qui peuvent vous faire mériter cet heureux titre : gemiſſez, & noyez dans les pleurs les crimes que vous avez commis, & ſongez que Dieu ne recevra au nombre de ces Genies ſupérieurs, que ceux que leur pureté & leurs bonnes mœurs rendront dignes d'approcher du Trône de ſa gloire. C'eſt du fond de mon ame, mon cher Théophile, que je vous fais ce diſcours, pénétré moi-même des ſentimens que je vous inſpire. Rempli de tendreſſe pour vous, & proſterné aux pieds du Très-haut, devant qui je ne ſuis que néant & pouſſiere. Je vais tacher de m'ex-

pliquer plus clairement dans la suite, &
de me mettre à portée des esprits de tous
genres, dont l'approbation me sera toujours chere & que je tacherai de contenter.

Ils (30) *s'endormirent.* Ce sommeil re-
présente celui des Bienheureux qui s'en-
dorment d'un sommeil de paix & de déli-
ces, après avoir passé par les travaux & les
périls de la vie humaine. Que de réfléxions & de profondes méditations doit
nous faire faire ce terrible & dangereux
passage. Quoi de plus sérieux, quoi de
plus formidable que le trajet de la vie à
l'éternité. Occupons-nous bien de cette
pensée, & nous commencerons à mériter
la grace de comprendre le premier Livre
qui n'est réservé qu'aux Prédestinés. Traité
des quatre Fins de l'Homme par Julien
l'Apostat chapitre second.

Une jeune femme d'une beauté (31)
éblouissante. Que de réfléxions à faire sur
notre propre miſére, quand nous voyons
les desordres & les déréglemens causés par
cette même beauté. O femme, s'écrie Bonefacius, que ton regard est terrible, que
tes pensées sont malignes, que ta personne
est dangereuse. Le péché originel & la
mort sont le fruit de tes appas. Sans les
femmes la vie de David eût été agréable

au Seigneur , fans les femmes Salomon eût mérité le titre de véritable Sage , fans les femmes Samfon eût été un vrai Héros , fans les femmes enfin les defcendans d'Adam n'euffent pas peuplé la terre. Là-deffus Bonefacius s'écrie : Providence divine , j'admire tes jugemens & je me profterne devant tes fublimes vûës.

(32) *L'étiquette.* Quelle mifére , quelle honte dans l'homme que ce qu'on appelle étiquette , ce peu de boue & de limon , pétri avec de l'amour-propre & de l'orgueil , ne pouvant s'élever jufqu'à l'Etre fuprême , veut fe diftinguer au-deffus de fes femblables par des honneurs vains , & auffi frivoles que la vanité qui le fait agir. Quel témoignage plus évident de notre mifére que le vuide de ces pompeufes cérémonies , qui ofent quelquefois entrer en comparaifon avec les hommages qu'on rend à la Divinité. Le grand Etre du haut de fa perfection & de fon immenfité , fourit de voir fa foible créature ofer entreprendre de l'égaler , & s'enfler des honneurs qu'on lui rend , qui ne font que l'avilir à fes yeux & la rendre plus méprifable.

Charitable (33) *animal.* Quelle grandeur , quelle beauté dans cette harmonie que le Tout-puiffant a répandu dans l'Univers. Cette charité qu'il nous recommande dans ſes préceptes les plus ſacrés, comme le ſeul moyen de lui plaire, eſt auſſi le fondement de l'ordre & de la régle qui doit regner ſur la terre. Les hommes ſont nés pour s'aimer les uns les autres, & Dieu a mis en eux ce principe ineffable, qui ne ſçauroit être effacé que par le crime & par la malediction du grand Etre. Nous voyons regner même parmi les animaux cette vertu ſi neceſſaire au maintien de la ſocieté ; enfin tout dans la nature ſemble nous répéter l'ordre du Très-haut, & nous apprendre qu'il faut nous aimer comme freres, & l'adorer comme notre Créateur.

Fin des Remarques du Milord Stacfeyld, & continuation par Milady Nerweinde.

Ne ſemble-t-il pas que j'ai trop d'amour-propre de préſenter mes Remarques, après celles de l'illuſtre Stacfeyld. Mon ſexe, ma foibleſſe, la ſupériorité de ſon genie, & l'inferiorité du mien, tout doit me faire craindre de lui ſervir d'ombre, & de relever ſeulement ſon éclat. J'eſpere cependant que ceux qui me connoîtront ſeront perſuadés, que je ne le fais que parce que j'ai crû devoir le faire. Je ne demande point d'être lûë par ces hauts Sçavans, qui du haut de leur grandeur fouriroient à peine à mon Ouvrage. Je n'ofe pas me flatter non plus que ceux du fecond ordre feront la moindre attention à ce que j'écris, mais j'efpere que ceux du troifiéme rang, & par conféquent plus à ma portée, m'accorderont l'honneur de leur approbation. Je la leur demande avec plus de crainte que de confiance.

Melim voulut fe baiffer (34) *pour le prendre.* En vérité je trouve cette façon de defenchanter Thyram charmante. On voit la legereté de l'efprit de Cocrocbroctroc dans cette épifode, cette qualité eft à mon gré auffi eftimable, que cette fcience profonde où j'avoue que je n'entends rien, je ne fçais pas même, s'il n'eft pas plus à defirer de ne s'en pas mêler du tout, que d'embarraffer fon efprit par une foule d'imaginations dont plufieurs font fteriles & frivoles, & contribuent plus à défécher le cerveau qu'à former le cœur.

Mon Dieu, difoit-elle, que voilà deux (35) *finguliers animaux.* Que cette naïveté dans le ftyle eft aimable ; elle eft cent fois plus expreffive que les tours figurés & les expreffions alambiquées qui font en ufage maintenant. Ah ! la fotte chofe que cette frifure éternelle dans le difcours. Vous pouvez compter qu'elle me fait mourir, & que j'ai cent fois plus de plaifir à entendre raifonner une bonne Païfanne qu'à voir nos jeunes Petits-Maîtres se mettre à la torture pour trouver ce qu'ils appellent un bon mot ou une pointe. La jolie chose que la simplicité.

La figure du Lézard ne lui faisant (36) *plus d'horreur.* On voit tous les jours des exemples de choses aussi singulieres. J'ai vû cent femmes quitter un mari aimable & d'une jolie figure, pour suivre un vilain maussade qui n'avoit d'autre agrément que sa singularité. Il faut convenir que notre sexe a d'étranges fantaisies. Quoi, des cheveux frisés d'une certaine maniere, une rosette mise d'une façon nouvelle, des bagatelles de cette espéce sur la tête d'un monstre nous rendront folles de lui : oh ! pour cela, c'est trop fort, & nous sommes trop malheureuses, mais après tout, sont-ils plus raisonnables ?

Pour ne pas s'accommoder de la langueur (37) *d'un Amant.* Je pense bien comme Melime là-dessus, & je ne sçaurois souffrir ces Amans languissans, qui par leurs yeux mourans semblent se destiner plutôt pour le cercueil que pour l'amour. J'avoue mon foible, un petit Amant vif, petillant & de bonne humeur, m'accommoderoit bien mieux que cette sombre & tendre tristesse. Je ne vois pas comment une femme peut s'amuser d'un homme pensif & rêveur, qui se trouble en lui parlant,

qui

qui foupire quand tout le monde fe livre à la joye, & qui va s'enfermer dans des lieux déferts pour penfer à fon Iris, qui fouvent avec une autre fe dédommage gayement des triftes & langoureux hélas que cet imbécile lui répéte fans ceffe. L'Amant vif au contraire rit à gorge dé-ployée, ne craint rien, obtient tout, ce qui fait à mon gré une grande différence. C'eft ce dernier caractere qui me plaira toujours le plus, je crois même que le fage Cocrocbrocfroc, malgré toute fa fcience, étoit de ce dernier genre.

Mes beaux (38) *habits.* Je fouffre bien quand je vois un vieil ou une vieille qui ont foixante ans fonnés, s'occuper de leur parure; & être fort empreffés à chercher la mode qui leur fied, difent-ils, le mieux. Je leur pafferois plutôt de chercher à fe rejoüir par des ajuftemens gays, & j'aime-rois mieux voir un Jouvenceau de 70 ans avec un habit à la Romaine couleur de rofe, & des touffes de rubans partout, enfin avec une perruque naturelle, & non-chalamment noüée avec un ruban céla-don, que de voir ce même Septuagenaire fort occupé de la blancheur de fes bas, de la beauté de fon teint, & du bon goût de fa parure, chanter le verre à la main, dire le petit mot pour rire, & aux portes du trépas cherchant à plaire, au lieu de faire fon teftament.

Note apocriphe de Nunudius sur la Remar-
que précédente de Miludy Nerweinde.

Cette Dame qui paſſe pour écrire ſi
joliment , ce me ſemble , marque de la
fauſſeté dans l'eſprit , en approuvant que
les vieux s'égayent par des habits couleur
de roſe , & ne leur paſſant point de bas
de ſoye blancs , ni le bon goût dans leur
parure , pourvû qu'elle ſoit convenable.
Pour moi , ne lui en déplaiſe , je trouve-
rois plus mauvais qu'un homme eût des
bas ſales & qu'il portât un habit à la Romaine , que d'être gay & de chanter le
verre à la main. Je fais grand cas de la pro-
preté & je la crois déſirable à tout âge.

Avis du Traducteur.

Voilà Lecteur Benevole , tout ce que
j'ai pû ramaſſer des Remarques de Milord
Stacfeyld & de Miludy Nerwinde. Trop
heureux s'il peut vous amuſer & exercer
votre eſprit , tout ce que j'admire c'eſt
que Milord Stacfeyld compare dans ſa
Remarque ſur la page 57. l'homme à tous
les cinq cens diables ; je ne comprends
rien à tout ce que je viens d'écrire , je ſuis
un homme ; *ergo* tous les cinq cens diables
n'y verront goûte & y perdront leur Latin.
J'ai cependant crû devoir donner au

Public ce que des gens plus habiles que moi, m'ont assuré être un chef-d'œuvre de Littérature, & je ne l'ai fait que par amour pour la Patrie, & pour marquer au Roi l'envie que j'ai d'être utile à ses Sujets par ma façon de penser à son égard. Je le respecte comme son Sujet, je le sers comme mon Maître, & je l'adore comme le Pere du Peuple : Répétez avec moi, ami Lecteur, Vive le Roi, vive le Roi, vive le Roi.

L'ŒUVRE MERVEILLEUSE

DE DIASCORINUS,

Sur la Clavicule de Neoptolême, ou *Traité scientifique de l'Art* Aquitopique.

LE 22 du mois de Juin étant en ma secrette étude par un clair de Lune, le Soleil étant dans le verseau, les ascensions obliques du Significateur, à la table du cercle de la position de son Seigneur, une lampe sépulcrale éclairant mon travail nocturne, l'esprit de Marc Clarius posé sur ma table, Philogola dans une phiole, & Hermes trimegiste dans ma tête, la main droite sur le Livre de Babilonius, & la gauche sur les pensées du grand Philosophe ; mon esprit s'est élevé à la sixiéme grandeur, & m'a dicté les mystéres suivans. Ecoutez & tremblez.

Neoptolême vrai sage, possédant seul la constellation de l'enfant, & l'esprit diaphane de Crisippe, toi qui puisâs dans la mer des sciences l'esprit profond des quatre élemens, toi enfin qui formâs la cinquiéme décade des six mille clavicules qui composent & regissent seules le monde entier, à toi, & à ton frere le grand Noir, Salut : l'horreur qui m'environne fait connoître les effroyables mystéres que je vais révéler, mes cheveux se dressent sur ma tête, mon corps tremble & frissonne, la terreur & l'épouvante coule dans mes veines, mon ame quitte mon corps pour se précipiter dans un lieu rempli de sang, de feu, de fer & de monstres horribles. Là je vois la composition du monde entier, l'intérieur des élemens, le grand ressort de la nature, & le noir abime de la Science. Je vois des Rois tremblans & effrayés, des femmes échevelées, des hommes égorgés, des entrailles arrachées, des cœurs déchirés, des corps ensanglantés, & le monde abimé. Quand tout à coup d'un grand Monarque j'apperçois la lumiere, cinq serpens auprès de lui rangés, semblent à l'envie lui lancer leur venin. Six monstres partent de l'Orient, s'avancent en frémissant, versant des torrens de sang & de fumée, les serpens par leur sifflement ébranlent la céleste voute. Ils se joignent, s'hérissent, écument, réduisent la terre en cendre, & l'univers en poudre; quand le grand Noir paroissant les terrasse, les foudroye, & reste seul vainqueur au milieu de l'horreur du vuide.

Dans la septiéme Clavicule du quatriéme millier, il est traité de la generation des animaux érichtoniens. Neoptolême s'exprime ainsi sur cet Article: Les ſels qui compoſent l'ame vegetative de la bête inconnuë, ſont chauds au quatriéme degré, ainſi l'enfantement de la generation ſe produit par cuiſſon majeure, c'eſt-à-dire que l'eſſence de l'animal ſe fait moitié dans la région ignée, & moitié dans l'éthérée. Nous pouvons même y joindre l'influence tranſverſale des aſtres méteoriques; c'eſt cette matiere préparée, ſelon l'art aquitopique, purifiée & dégradée dans un climat temperé qui forme la premiere portion de l'eſprit aërien de l'animal éricthonien.

Les deux autres parties ſe forment par la grande cabale des degrés aquatiques, appellée communement magie.

Coëſmus ſçavant Magicien & Adepte du grand Etre, commandoit aux eſprits infernaux Cerauniens, Inſignans, & aux quatre premieres Sylphides de la garde du petit monſtre; il étoit obligé pour les évoquer de répandre vingt-cinq meſures de ſang humain ſur la tête d'une âneſſe noire, qu'il coupoit enſuite en ſept cens quatre-vingt neuf parties. De ces deux ſangs mêlés ſortoit avec frémiſſement un oiſeau noir appellé Vautour, qu'il falloit nourrir pendant trois jours de ſa propre chair, & déſalterer de ſon propre ſang, enſuite il lui tordoit le col, après lui avoir préalablement crêvé l'œil gauche ; enſuite il liſoit les paroles ſacromagiques d'Arcandan , & à chaque parole il jettoit un morceau du Vautour dans un feu lugubre & hululant , compoſé de cranes de malheureux , d'oſſemens de gens morts de peur , de ſiclamene , ou bois triſte, de plumes d'Orfraye , & de cœur de Hibou , où mon frere le grand Noir les dévoroit ſur le champ ſans en être raſſaſié. Alors la terre s'entr'ouvroit , & Coëſmus étoit tranſporté au centre de la terre. Là le corps appuyé ſur cinq pointes d'acier rouge, ſouffrant des douleurs incroyables & pouſſant des hurlemens affreux ; l'eſprit qu'il demandoit lui apparoiſſoit ſous une forme hideuſe , & il lui répondoit trois mots à trois queſtions qu'il pouvoit ſeulement lui faire ; puis il étoit tranſporté dans ſon lit , où il étoit un mois ſans connoiſſance & ſans prendre aucune nourriture. Au bout de ce tems , il étoit obligé de ſe purifier par la reverberation philoſophique d'une opération ſexagenaire , ſans quoi il eût été ſous la domination de mon frere le grand Noir , qui lui eût fait ſouffrir des tourmens incroyables, il ne vêcut que cinq luſtres , & enſuite dans la terreur d'une conjuration , il laiſſa ſon corps ſur la terre , & ſon ame paſſa dans le lieu ſecret. Voyez les Commentaires du Magicien Enſpeſatus , & les fleurs de Rhétorique de M. Albert.

La cinquiéme Clavicule eſt la clef de l'eſprit ſublime des végétations minera-les & cypriennes , dont l'effervescence eſt tirée des acides volatiles du ſel Poli-doxe. Voici la façon dont il en eſt fait mention dans ladite Clavicule : l'eſprit humain eſt compoſé de trois ſels appellés par les Sages Herodiens, mutatifs & tranſ-verſaux. Les ſels Herodiens ſont ceux qui animent les gens mélancoliques , & qui forment dans leur ſang la matiere ſalti-fiante & horroborative , que Hermès diſ-tilla, & dont il tira par évaporation les 5 degrés de la majeſté Solaire qui entou-rent le Capricotne le 5 Janvier toutes les années biſſextiles. C'eſt auſſi dans cette matiere qu'on trouve le fondement mé-tallique de l'huile annulaire , ſi vantée par feu Coëſinus , & ſi fort critiquée par les Sectateurs de la Septimancie. L'union qui régne entre ces differens ſels s'unit à un point appellé en Latin *abdellanium* ou *ſtrictumore.* On voit par là que le ſyſtême de la congellation des Planetes du fameux Chaudouin n'eſt point ſi contraire à la répartition des neuf eſprits ſur les neuf colonnes du temple qui ſera toujours tendu de noir , ſéjour des larmes & de la douleur , & où réſide le corps du grand Paon ſur trois piedeſtaux de porphir. Voyez les plaiſirs du Paradis du Reve-rend

rend P. Horrobora de S. Clement, & la Magie fantifiée ou Divination Chrétienne par Mr. Deshayes. Les efprits mutatifs ou métamorphofifs, font ceux dont il eft parlé dans le fecond Chapitre de la Genefe. C'eft par eux que fe font faits tous les enchantemens de Moïfe & des Magiciens d'Egypte. Cypercoran a trouvé par là le moyen de réunir en lui tous les fecrets de la Cabale animale, fi merveilleufe & fi vantée chez les Anciens. C'eft un prodige, dit ce fçavant homme, que toutes les merveilles qui font renfermées dans le fel mutatif de la nature. Là on y voit l'ordre de l'Univers renverfé par la main d'un Sage, la nature obéir à l'homme, & l'homme égal au grand Etre. Je crois qu'on ne fera pas fâché de trouver ici la façon dont cet admirable fecret a été révelé aux defcendans de Salomon.

Près de la Ville d'Amphipolis étoit autrefois une caverne qui fervoit de retraite aux ames de 882 Sçavans, & de 460 efprits tant infernaux que élémentaires deftinés à leur fervice. Là étoient renfermées les 9 Clavicules modernes, les 7 merveilles du monde, les 5 portes d'airain, les 6 cœurs ulcerés, les 7 trompettes, les 9 vérités d'Elleauzias, les 5 qualités de la matiere premiere, le souffre des 4 Corps lumineux , & l'huile de l'Univers.

Deux feuls Sages connoiffoient les tréfors renfermés dans cet antre refpectable , l'un étoit le Magicien Coëfmus & l'autre mon frere le Grand - Noir. Ils tenterent tous les moyens fimples pour s'introduire dans ce lieu de gloire & de majefté ; mais n'y pouvant réuffir par cette voye , ils eurent recours à l'operation magique & fçavante décrite dans les Phofphores naturels de Philibert ; pour cet effet , après avoir calculé les quatre combinaifons de Saturne , qu'ils diviferent par les afpects obliques & tripliques de la feptiéme Maifon du premier Corps lumineux , ils fixerent par là le jour de l'opération. Neuf jours de jeûne & d'abftinence les rendirent dignes de commercer avec la légion des Scrutateurs de l'abîme. Le matin de ce jour étant arrivé , le Ciel fe couvrit d'un nuage épais , la terre en frémiffant , attendit l'ordre des Efprits qui la dominent, Nos deux Sages écumant de fageffe & de terreur , s'avancerent à pas lents vers le Maufolée de Solonius , où ils facrifiérent fept vaches noires & fept taureaux blancs, fuivant la liturgie Affyrienne. Enfuite ils ouvrirent un panier rempli de trois branches de verveine , de trois fleurs de fichomore, de deux becs de rhocophante, de quatre pierres antipolines, d'une phiole d'huile Chimicobrûlante, de deux feüilles de vélin, d'une pinte de fang de chauve-fouris, de la grande ancipitale, qu'on ne trouve que fur le mont Hideux près de la forêt Malagante. Ils firent une conjuration, diftillation & élévation des métaux, qui les conduifit dans le lieu ténébreux, dominé par les infurgenfes planimetriques, où les clefs de tout talifman, cabinet de fcience, myftere, obfcurité font renfermés, auffi bien que les monftres de l'antiquité, les mineraux antifucoliques, le grand cachet du Philofophe, les deux oifeaux de Mitridate, & le réglement des vrais Profelites de l'art infufaire. Quand tout à coup une grande vibration fe fit dans l'air, les corpufcules de la matiere fubtile devinrent quarrés de ronds qu'ils étoient, & formerent une muraille impénétrable à la pénétration incombuftible des réfléxions concordiales, & un voile indéchiffrable à l'extenfion de la lumiere vierge de la partie pucelle des métaux ardoliques. Le Mercure fe changea tout-à-coup en Lune orientale, & l'Univers en frémit. Ce bouleverfement dura fix fecondes, au bout defquelles tout reprit fa premiere tranquilité, & le cachet

de Salomon parut sur un nuage de lumiere.
Les deux Sçavans s'en emparerent, & s'ouvrirent par là un passage dans la Caverne
spirituelle.

Après cet épisode reprenons le cours
de nos Dissertations mysterieuses, & par-
lons des sels traversaux dont la superio-
rité au-dessus des congellations spon-
gieuses, est égale à celle du grand œuvre sur le Petit. Ces sels se tirent de la
partie crasse & humide du cinquiéme élé-
ment métaphysique, autrement dit trans-
fusion élémentaire des cinq parties de la
Géométrie spécifique & Philosophique.
Leur préparation se fait par les alcalis
immédiats de 64 distillations de Sol & de
Lune, qui sont les Rois & les Princes
de la Hierarchie Chimique. La suffocation
d'iceux est une œuvre pénible & labo-
rieuse, & qui demande grande tranquil-
lité dans l'esprit, & grande santé dans
le corps. Cette merveilleuse opération est
parfaitement décrite à la page 52 du Livre de Raymonlulle.

Ces trois sels mêlés ensemble, com-
binés & préparés selon l'art aquitopique,
qui est dans la tête de tout adepte, forment une excrescence astronomique &
lunatique, par laquelle l'œuvre devient
à son plus haut degré & point parfait de
perfection.

Dans la neuviéme Clavicule on découvre la racine de la Physique expérimentale, prouvée par des raisonnemens suspendus à la matrice terreſtre des trois pantacles de Gonorius. Voici comme s'exprime Neoptolême : O Sageſſe, ô Beauté, ô Grandeur, ô Puiſſance du ſouverain Archicommandant de l'Univers, tu nous oûvres enfin le tréſor de l'Emeraude, & la pétrification conglomerée des pierres cryſalides. Nous voyons dans ton Livre quelle eſt la ſituation ſymbolique de l'enfant enfanté au centre de la terre, & cooperation des vegetaux exprimée par la putréfaction ſerumineuſe de la generation prolifique des vertus concentriques. L'intelligence celeſte y eſt repréſentée par une figure oblongue, dont les angles ſont écretés par la ſubſtance liquefiée de la gloire du Verſeau. Tout y eſt emblême, tout y eſt myſtérieux, ſuivant la coutume des Sages.

Son ſtyle eſt impénétrable à tout autre qu'aux vrais Sçavans.

Le monſtre des montagnes d'Agramont vomit, après avoir ſouffert les douleurs de l'enfantement, les raclures d'yvoire ſi renommées pour les enchantemens peſtilentiels, il en forme des monceaux avec leſquels il détruit l'inſurmontable corps des vents éphymerions. Ses entrailles s'ouvrent & jettent à grands flots fur la furface de la terre les 102 Emblêmes fuivans.

L'effufion étherée.
La progreffion du vice.
Le laboratoire de la vertu.
Le célibat des arts.
Le croiffant des méteores.
L'écueil du midi.
La Plume du grand Noir.
Le milieu de la tête.
La lumiere de l'y
La médiation clandeftine.
L'éruption mitoyenne.
L'enfant de la Malmontagne.
Le grapin de la fageffe.
Le tréfor de l'email.
Le vitriol du grand Grec.
La Lune de Sapience.
L'Etoile du Ponant.
Les griffes d'Andrinople.
La folie de Scaliger.
Le tambourin du Philofophe.
La mifere animale.
L'engeance Stiptique.
Le fymbole du noyé.
La critique fuppofée.
La crête des parfums.
L'ufure pétrifiée.
Le crime octogone.
Les nimphes arrachées.
L'a du B.

Le fouffre inhabitable.
Le rond méthodique.
la croyance fcandaleufe.
L'anneau climaterique.
La gerbe militaire.
Le criftal afcendant.
Les nuées étouffées.
La Centurienne d'Eté.
La queuë de la petite F.
La raifon de la matiere.
Le fyftême du vuide.
Le Pelican dégraiffé.
L'ardeur du courroucé.
La mort des larmes.
L'horreur des foupçons.
Les régles Anglicanes.
L'ufage du fupplément.
Les idées infurmontables.
L'urne des armée.
Les engences printannées.
L'éclipfe circulaire.
La verfion nouvelle.
L'ingrat Athanamor.
L'Iris de Babylone.
La figure d'Epictete.
Marie univerfelle.
Le mal ardilleux.
L'épine excentrale.
La fille ardente.
L'ufage raifonné.
La grande menace.

L'infigne barbare.
La cuiffe vitieufe.
Le boutte fanté.
L'écuelle fans fin.
La patenôtre expirante.
L'humide Aaron.
Seleucus condenfé.
Les affaires du renard.
L'indigo enchanté.
Le remord facrifié.
La Ville d'Annibal.
La licence gothique.
Le fauteüil ambigu.
La Reine des cataftrophes.
La puiffance incrédule.
L'ardeur criblée.
L'aiguillon racourci.
Le cœur cizelé.

La force du Baron.
L'hymne des 7 brûlans.
La grappe de Rocher.
Les jambes extollées.
L'image arrêtée.
L'urethre d'Anaxagoras.
Les ruines enmanchées.
L'humeur annoncée.
La voix tonnante.
Le monde rayé.
Les claffes détenduës.
Le rin du cri.
L'amour coufu.
L'arrivée d'Argolas.
La rage incruftée.
Sefoftris enchanté.
La violette rafée,
Les pleurs diffequées.
Le pucelage eftropié.
Le Soleil encroûté.
La fauterelle violée.

L'Univerfité d'Oxfort a travaillé fur l'explication de ces emblêmes ; voici le fruit de fes recherches telles que Cardan nous les a tranfmifes.

L'effufion étherée, *fignifie* l'Antechrift.
La progreffion du vice, Le facrifice d'Abraham.
Le laboratoire de la vertu, Saint Loüis Roi de France.
Le célibat des arts, La mort de Marie Stuard.
Le croiffant des méteores, L'incendie de Londres.
L'écueil du midi, La prife de Rhodes.

La plume du grand Noir,	Le Calvinifme.
Le milieu de la tête,	Le Roi Charle XII.
La lumiere de l'y,	Converfion de Thimothée.
La médiation clandeftine,	La Paix de Rifwik.
L'éruption mitoyenne,	L'hiftoire de la Ligue.
L'enfant de la Malmontagne,	La Paix des Pyrenées.
Le Grapin de la fageffe,	Catherine de Medecis.
Le tréfor de l'émail,	Les richeffes d'Emalius.
Le vitriol du grand Grec,	Les conquêtes d'Alexandre.
La Lune de fapience,	Les amours de Cleopatre.
L'Etoile du Ponant,	L'Empereur Charlequint
Les griffes d'Andrinoples,	Julien l'Apoftat.
La folie de Scaliger,	Le fyftême de M. Law.
Le tambourin du Philofophe.	Epaminondas.
La mifere animale.	Sardanapale.
L'engeance Stiptique.	La découverte du Mexique
Le fimbole du noyé.	La bataille de Salamine.
La critique fuppofée,	La révocation de l'Edit de Nantes.
La crête des parfums,	Les Iconoclaftes ou Brifes-images.
L'ufure pétrifiée,	La Chambre de Juftice en 1718.
Le crime octogone,	Le Pape Clement VIII.
Les Nimphes arrachées,	Flora, maîtreffe de Jean XXII. Pape.
Le fouffre inhabitable,	Le mont Vefuve.
Le rond méthodique,	La quadrature du Cercle.
La croyance fcandaleufe,	L'infaillibilité du Pape.

L'anneau clymaterique.	Le Zodiaque.
La gerbe militaire.	La campagne de 1672.
Le criftal afcendant ,	L'anneau de Gigès.
Les nuées étouffées ,	La Châffe de Ste Geneviéve.
La centurienne d'Eté ,	Les myfteres de Cybele.
L'A du B.	L'affaffinat du Bearnois ou Henry IV.
La queuë de la petite F.	Le refultat de la Diette de Francfort.
La raifon de la matiere ,	La découverte des mines du Perou.
Le Syftême du vuide ,	La poche de l'Auteur.
Le Pelican dégraiffé ,	L'abaiffement de la Maifon d'Autriche.
L'ardeur du courroucé ,	La guerre de Hollande.
La mort des larmes ,	Mort du Maréchal de Turenne.
L'horreur des foupçons ,	La conjuration d'Efpagne.
Les régles Anglicanes ,	Mort de Charles I.
L'ufage du Suplément ,	L'augmentation des troupes en 1688.
Les idées infurmontables ,	Le Mont Athos taillé.
L'urne des armées.	La bataille d'Hoftech.
Les engeances printannées ,	La journée des barricades.
L'éclipfe circulaire ,	Voyage du Czar Pierre.
La verfion nouvelle ,	Le Calendrier Gregorien.
L'ingrat Athanamor ,	La bataille de Turin.
L'Iris de Babylone ,	Le couronnement de Cyrus
La figure d'Epictete ,	L'établiffement des Invalides.
Marie univerfelle ,	La Pucelle d'Orleans.
Le mal ardilleux ,	Charle VIII. Roi de France.

L'épine excentrale,	La conjuration de Catilina.
La fille ardente,	Julie fille d'Augufte.
L'ufage raifonné,	La loi Salique.
La grande menace,	Balthazar Roi d'Affyrie.
L'infigne barbare,	Frere Clement.
La cuiffe vicieufe,	La mort de Loüis XIV.
Le boutte-fanté,	La liberté de François I.
L'écuelle fans fin,	Le déluge de Noé.
La Patenotre expirante,	Le Lutheranifme.
L'humide Aaron,	La défaite de Mexence.
Seleucus condenfé,	Bajazet encagé.
Les affaires du Renard,	La prife de Constantinople.
L'indigo enchanté,	Paffage de la mer rouge.
Le remord facrifié,	La mort du Comte d'Effex.
La Ville d'Annibal,	La bataille de Cannes.
La licence Gôthique,	La liberté de l'Eglife Gallicane.
Le fauteuil ambigu,	Le Saint Siége.
La Reine des cataftrophes,	La Reine Brunehault.
La Puiffance incrédule,	L'Empire Ottoman.
L'ardeur criblée,	Codrus Roi d'Athenes.
L'aiguillon racourci,	Chûte de l'Empire Romain.
Le cœur cizelé,	Madame de la Valliere.
La force du Baron,	Mort du Maréchal de Montmorency.
L'hymne des 7 brûlans,	La ligue d'Aufbourg.
La grape du Rocher,	Combat des Thermopiles.
Les jambes extollées,	La mort d'Abfalon.
L'image arrêtée,	Le Janfenifme.
L'urethre d'Anaxagoras	Le Canal de Languedoc.
Les ruines emmenchées,	Le fac d'Oftende.

L'humeur annoncée,	Déclaration de guerre à la Hollande.
La voix tonnante,	Le bombardement d'Alger.
Le monde rayé,	La découverte des Longitudes.
Les classes détenduës,	Dénombrement d'Hostilius.
Le rin du cry.	* * *
L'arrivée d'Argolas.	Ambassade de la Porte.
La rage incrustée,	Bombardement de Saint Malo.
Sesostris enchanté,	Gregoire VII. Pape.
La violette rasée,	La mort de l'Archevêque de Cantorbery.
Les pleurs dissequées,	La liberté de François I.
Le pucelage estropié,	La prise de Gand.
Le Soleil encrouté,	L'hiver de 1709.
La Sauterelle violée,	La Reine d'Hongrie.

Que celui qui sçait comprendre les vérités occultes sous l'emblême d'un voile épais trouve encore mille révélations mistérieuses & indéchiffrables dans l'explication même de ces figures philosophiques. Neoptolême a parlé.

La dixiéme Clavicule ne roule que sur l'hymne des esprits superieurs & insuperbes, en l'honneur & gloire du très-haut & très-vénérable Chevalier des douze Lugubres. Cette hymne renferme pour les adeptes le dévelopement entier de toute matiere, élémens, esprits, corps, mineraux, végétaux, animaux, planetes, dominations , science , lumiere , chaleur , compression , & le dessous des cartes de l'Univers.

» O toi Dominateur des tremblans &
» dépoüillés monstres qui agitent & vi-
» brent les corpuscules de l'air , toi grand
» Chevalier des douze Lugubres, de l'urne
» remplie de cendre , & des neuf excla-
» mations , tu fus jadis souverain sur la
» terre, tu l'es maintenant de toute créa-
» ture tant animée qu'inanimée , tant
» lourde que légere, tant chaude que
» froide , tant séche qu'humide , tant ter-
» restre que céleste, tant grande que pe-
» tite , tant tranquile qu'agitée ; en un
» mot tant existante que n'existant point,
» tes loüanges sont célébrées par les dou-
» ze Lugubres tes enfans, flambeaux de la
» mort & de la tristesse , vivantes images
» de la fin des tems, & créés pour t'hono-
» rer, te respecter, te loüer, t'adorer,
» & ne rendre hommage qu'au veritable
» Inconnu. Ton immortalité célébre ta
» mémoire ; ton séjour de gloire fixe ta
» grandeur ; ta puissance fait retentir ton
» nom ; enfin c'est par ta vaillance que
» les six Serpens ont été terrassés, les
» Barbares persécutés , les Enormes écra-
» sés, & le grand Vilain anéanti. O
» grandeur, ô immensité du célébre Che-

» valier des larmes , ton corps fert d'en-
» trailles à ta vertu ; ta rapidité décou-
» vre ta clémence , & ton ingénuité les
» vices de la petite ourfe. C'eft donc à
» toi que le grand hommage eft dû, à
» toi qu'appartient tout honneur & toute
» vénération. C'eft devant toi feul que fe-
» ront toujours foumis & attachés le nom-
» bre innombrable de légions qui feront
» fans fin profternés devant le trône fu-
» perbe & immortel de ta gloire & de ton
» pouvoir. Nous tremblons , nous te re-
» gardons & nous reftons confus & in-
» terdits devant ta Majefté mifterieufe &
» inveterée. Qu'ainfi foit éternellement.

La cohorte Angelique répéte conti-
nuellement cette hymne devant le grand
A ; répétez - la auffi , vous qui voulez
parvenir au plus haut degré de gloire.
Ici finit l'œuvre de Diafcorinus & de
Neoptolême.

www.ingramcontent.com/pod-product-compliance
Lightning Source LLC
LaVergne TN
LVHW012216170726
843503LV00005B/2100